Dorothea Stein-Bassler

Deutsch intensiv

Schreiben C1

Das Training.

Ernst Klett Sprachen
Stuttgart

1. Auflage 6 | 2025

Alle Drucke dieser Auflage sind unverändert und können im Unterricht nebeneinander verwendet werden.
Die letzte Zahl bezeichnet das Jahr des Druckes.
www.klett-sprachen.de

Autorin: Dorothea Stein-Bassler

Redaktion: Sibylle Krämer, Arkadiusz Wrobel
Layoutkonzeption: Greta Gröttrup
Gestaltung und Satz: Datagroup Int, Timişoara
Umschlaggestaltung: Greta Gröttrup
Titelbild: Shutterstock (Roman Samborskyi), New York
Druck und Bindung: Plump Druck & Medien GmbH, Rheinbreitbach

PEFC
Förderung nachhaltiger Waldbewirtschaftung
PEFC/04-31-3752 www.pefc.de

Printed in Germany
ISBN 978-3-12-675287-9

Vorwort

Liebe Lernende, liebe Lehrende,

Dieser Intensivtrainer richtet sich an Lernerinnen und Lerner der Niveaustufe C1, die sich auf die schriftliche Aufgabe einer C1-Prüfung vorbereiten wollen. Berücksichtigt wurden **TestDaF, Goethe-Zertifikat C1, ÖSD Zertifikat C1** und **telc C1 Hochschule**.

Wer kann mit dem Intensivtrainer arbeiten?

Wer Deutsch auf der Niveaustufe C1 lernt, will sich meistens auf eine der C1-Prüfungen vorbereiten, um anschließend zertifizierte Deutschkenntnisse im Studium oder im beruflichen Kontext vorweisen zu können. Alle diese Prüfungen enthalten auch eine schriftliche Aufgabe von beträchtlichem Ausmaß und mit sehr speziellen Anforderungen. Genau dazu bietet dieser Band umfangreiches Material und zahlreiche Hinweise, die die Vorbereitung auf die schriftlichen Aufgaben der genannten Prüfungen erleichtern sollen. Er ist sowohl für Selbstlernende geeignet als auch im Rahmen eines Kurses als zusätzliches Angebot zum Lehrwerk einsetzbar.

Wie ist das Buch aufgebaut?

Das Buch besteht aus drei großen Blöcken: **Block A** beschäftigt sich mit der **sprachlichen Verarbeitung von Grafiken**, in **Block B** geht es um die **Erstellung eines argumentativen Textes** und **Block C** bietet **Prüfungsbeispiele** zu relevanten Prüfungen sowie Hinweise, worauf Sie in der Prüfung achten und wie Sie am besten vorgehen sollten.

Wie übe ich mit dem Buch?

Die drei großen Blöcke A, B und C sind so aufgebaut, dass sie weitgehend unabhängig voneinander bearbeitet werden können. Die einzelnen Kapitel in den Blöcken folgen zwar einer Progression, so dass Sie sich schrittweise und systematisch die notwendigen Kenntnisse erarbeiten können, aber sie sind in sich abgeschlossen. Das bedeutet, dass Sie jedes einzelne Kapitel auch zum Üben bestimmter Sprachhandlungen und zur Auffrischung vorhandener Kenntnisse nutzen können. Die Aufgaben in jedem Kapitel bauen aufeinander auf, deshalb empfiehlt es sich, ein Kapitel immer als Ganzes zu bearbeiten.

In jedem Kapitel finden Sie Unterstützung in Form von Boxen, Listen und Tipps:

TIPP — Die **Tipps** enthalten nützliche Hinweise zur Arbeitsweise und Prüfungsvorbereitung.

In den **Redemittelboxen** sind passende Ausdrücke thematisch zusammengefasst.

Die **Checklisten** bieten das Wichtigste auf einen Blick.

P — So sind typische **Prüfungsaufgaben** in den Blöcken A und B markiert.

Lösungen und Lösungsvorschläge

Im Anhang finden Sie umfangreiche Lösungen sowie Lösungsbeispiele zu den Aufgaben, die das Schreiben eines eigenen Textes verlangen. Diese Lösungsbeispiele sind allerdings nur Vorschläge, wie die Aufgabe gelöst werden könnte. Sie können sie hauptsächlich als Anregung nutzen.

Viel Spaß beim Schreibtraining und viel Erfolg anschließend in Ihrer Prüfung wünschen Ihnen

Autorin, Redaktion und Ihr Ernst Klett Sprachen Verlag

Tipps für ein gutes Schreibtraining

Bauen Sie Ihr Wissen auf.

Um auf dem Niveau C1 angemessene Texte zu schreiben, brauchen Sie neben den sprachlichen Kompetenzen auch eine Menge Hintergrundwissen zu den Themen, über die man in Deutschland aktuell diskutiert. Lesen Sie deshalb regelmäßig deutsche Zeitungen, das erweitert nebenbei auch Ihren Wortschatz! Themenbereiche, auf die Sie achten sollten, sind z. B. Bildung und Wissenschaft, Ökologie und Wirtschaft, gesellschaftliche und soziale Veränderungen, Gesundheit, Natur.

Sprachliche Fähigkeit ist entscheidend.

Denken Sie beim Schreibtraining und auch in der Prüfung selbst immer daran, dass es sich um eine Deutschprüfung handelt, in der Ihre sprachlichen Fähigkeiten kontrolliert werden, nicht aber ihr Fachwissen und Ihre persönliche Einstellung zu etwas. Wenn Sie also aufgefordert werden, Ihre Meinung zu äußern, denken Sie nicht darüber nach, was derjenige, der Ihren Text korrigieren wird, lesen will. Argumentieren Sie logisch, begründen Sie Ihre Meinung klar, aber überlegen Sie nicht, ob Ihre Meinung vom Leser geteilt wird.

Schreiben Sie mit der Hand.

Die meisten Prüfungen verlangen handschriftlich verfasste Texte. Schreiben Sie deshalb auch Ihre Übungstexte mit der Hand. Das hilft Ihnen, herauszufinden, wie lange Sie für die verlangte Anzahl an Wörtern brauchen. Es hilft Ihnen aber auch, sich daran zu gewöhnen, Ihren Text nur in einer Version zu schreiben, die Sie anschließend nochmal sorgfältig korrigieren.

Trainieren Sie Ihr Zeitmanagement.

Beim Üben sollten Sie von Anfang an darauf achten, wie viel Zeit Sie für bestimme Schritte brauchen. Verlieren Sie also nie die Uhr aus dem Blick und planen Sie für die einzelnen Arbeitsschritte (Entwurf, Schreiben, Selbstkorrektur) feste Zeiträume ein. Lassen Sie sich nicht entmutigen, wenn Sie am Anfang Ihres Trainings noch deutlich über dem vorgegebenen Zeitrahmen liegen, sondern versuchen Sie, sich ihm schrittweise anzunähern.

Lassen Sie Ihre Texte korrigieren.

Ihre eigenen Texte sollten Sie, wenn Ihnen das irgendwie möglich ist, von einer Lehrkraft korrigieren lassen. Schreiben Sie den Text nach der Korrektur noch einmal und lassen Sie auch die korrigierte Version noch einmal anschauen. So können Sie sicher sein, dass Sie die Korrekturvorschläge gut verstanden und umgesetzt haben.

Für Lehrende: Nutzen Sie die offenen Schreibübungen als Hausaufgaben.

Als Lehrperson können Sie die vorgeschlagenen Textaufgaben gut als Hausaufgaben einsetzen, die Sie anschließend korrigieren. Es lohnt sich auch, die Kursteilnehmerinnen und Kursteilnehmer einen Schreibordner mit ihren Texten und den korrigierten Versionen anlegen zu lassen. So können Sie und die Lernenden selbst die Fortschritte gut nachverfolgen.

Inhalt

A **Statistische Daten und Informationen wiedergeben** **6**

1 Grafiken richtig lesen und verstehen ... 6
2 Parameter und Quelle nennen ... 9
3 Der Umgang mit Prozentzahlen ... 11
4 Informationen vergleichen und ein Fazit ziehen ... 14
5 Beschreibung von statistischen Daten ... 18
6 Entwicklungen und Trends beschreiben ... 22
7 Eine Grafik interpretieren ... 29
8 Wiederholung: Statistische Daten und Grafiken ... 34

B **Argumentieren, Stellung nehmen und erörtern** **39**

9 Begriffe definieren und die Textquelle nennen ... 39
10 Texte gliedern und zusammenfassen ... 44
11 Vor- und Nachteile nennen ... 50
12 Argumente und Gegenargumente formulieren ... 55
13 Die eigene Meinung äußern und begründen ... 63
14 Eine Erörterung verfassen ... 68
15 Eine Stellungnahme verfassen ... 77

C **Prüfungstraining** **80**

16 Hinweise zur Bewertung ... 80
17 Argumentativer Text ... 81
18 Argumentativer Text in Kombination mit einer Grafik ... 83
19 Zusammenfassung ... 85

D **Anhang** **86**

20 Lösungen ... 86

1 Grafiken richtig lesen und verstehen

1 Formen von Grafiken: Ordnen Sie die Begriffe der passenden Grafiken zu.

[Torten- / Kreisdiagramm • Balkendiagramm • Säulendiagramm • Kurvendiagramm • Tabelle • Schaubild]

1 ______________________

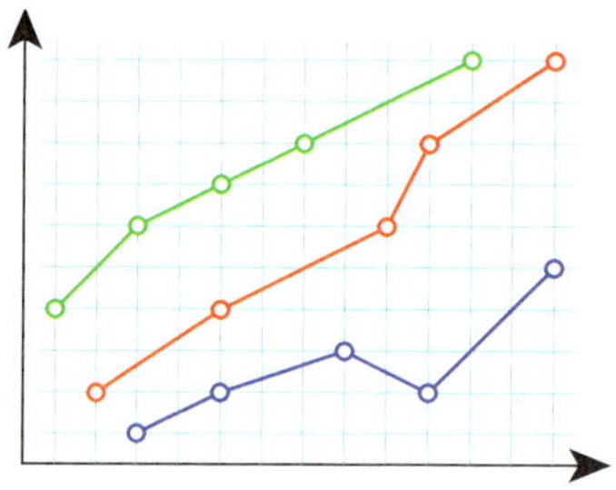

2 ______________________

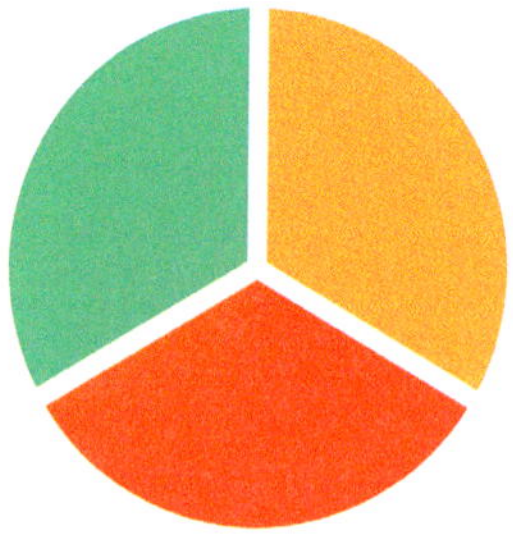

3 ______________________

4 ______________________

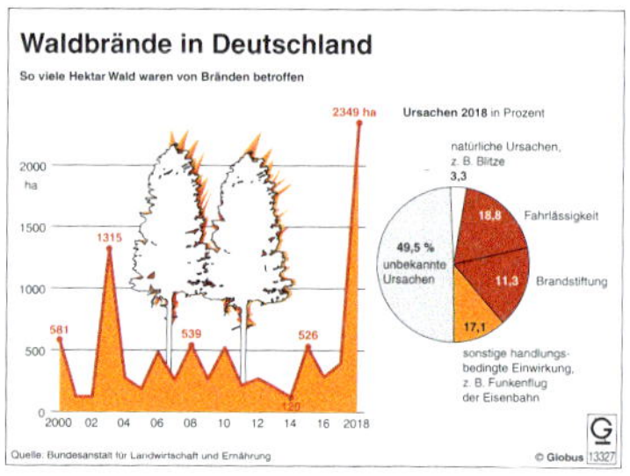

5 ______________________

Wie viel produziert ein Landwirt in Deutschland pro Hektar?

Angaben in kg

	1960	2017
Weizen	3.500	7.640
Kartoffeln	23.000	46.780

6 ______________________

2 Thema der Grafik: Welches Thema passt zu welcher Grafik? Wählen Sie je ein passendes aus.

[Sprachnachricht ist unbeliebt • Häufigste Kommunikationsformen im Alltag • Alltagskommunikation • Haltbarkeitsprobleme mit Lebensmitteln • Gründe für das Wegwerfen noch essbarer Lebensmittel • Zu viele Lebensmittel werden weggeworfen]

Grafik 1

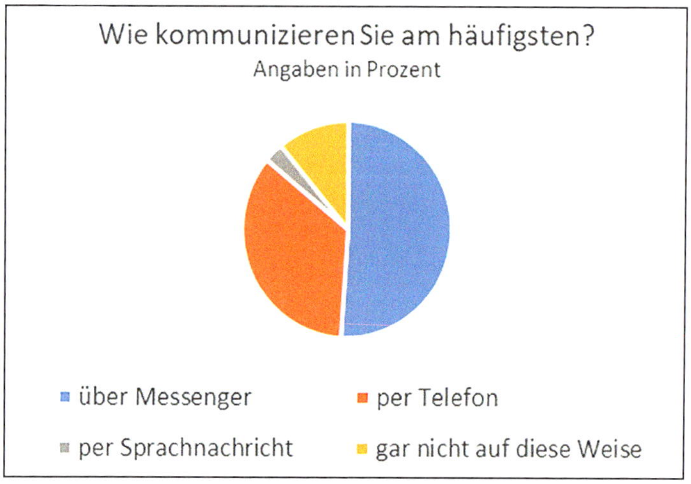

Quelle: Badische Neueste Nachrichten/bnn.de

Thema:

____

____

Grafik 2

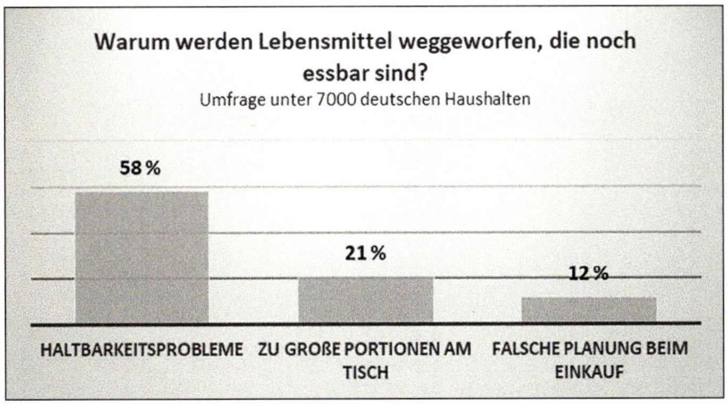

Quelle: BMEL / Ernährungsreport 2019

Thema:

____

____

3 Hauptinformation der Grafik: Wie kann man sie auf der Grundlage des Themas möglichst kurz formulieren?

a Schauen Sie sich Grafik 1 aus Aufgabe 2 an und ergänzen Sie dann die beiden Varianten.

1. Das ____________ diagramm zeigt, wie die Menschen im Alltag ______________________ ______________________. (Verbalisierung)
2. Die Grafik stellt die ____________ ______________________ im Alltag dar. (Nominalisierung)

TIPP Die Nominalisierung ermöglicht die kurze und trotzdem präzise Formulierung einer Information, z. B. des Themas. Die Verbalisierung ist dagegen länger, kann aber durch die Verbformen genaue zeitliche Angaben machen: *Durchschnittseinkommen in Deutschland 1989 und 2019 im Vergleich → Wie hoch war das Durchschnittseinkommen in Deutschland 1989 und wie hoch ist es 2019?*
Beide Formen stehen Ihnen bei der Formulierung der Hauptinformation der Grafik zur Verfügung.

b Schauen Sie sich Grafik 2 aus Aufgabe 2 an und ergänzen Sie auch hier die drei Varianten. Benutzen Sie dazu die Redemittel aus dem Kasten.

1. Das ____________ diagramm ____________ Informationen darüber, ____________ noch essbare ____________ ____________ ____________.
2. Die Grafik ____________, warum ____________ ____________ ____________ ____________ ____________.
3. Die Grafik gibt ____________ über ____________ ____________ für ____________ ____________ von noch ____________ ____________.

Das Säulendiagramm /
Das Balkendiagramm /

Das Kreisdiagramm …

Die Grafik …
Das Schaubild …

- **zeigt** (Akk.) … / **zeigt**, / wie viele / wie hoch …
- **gibt Auskunft über** (Akk.) … / **darüber**, wie viele / wie hoch …
- **liefert Daten** / **Informationen über** (Akk.) … / **darüber**, wie viele / wie hoch …
- **stellt** (Akk.) … **dar** / **stellt dar**, wie viele / wie hoch …

nicht möglich: ~~handelt von / spricht über / beschäftigt sich mit~~

c Formulieren Sie jetzt selbständig die Hauptinformation zu Grafik 3. Schreiben Sie vier Varianten und nennen Sie kurz das Thema. Nominalisieren Sie dazu den Titel. Schreiben Sie Ihre Lösungen in Ihr Heft und vergleichen Sie sie dann mit den Modelllösungen im Anhang.

Grafik 3

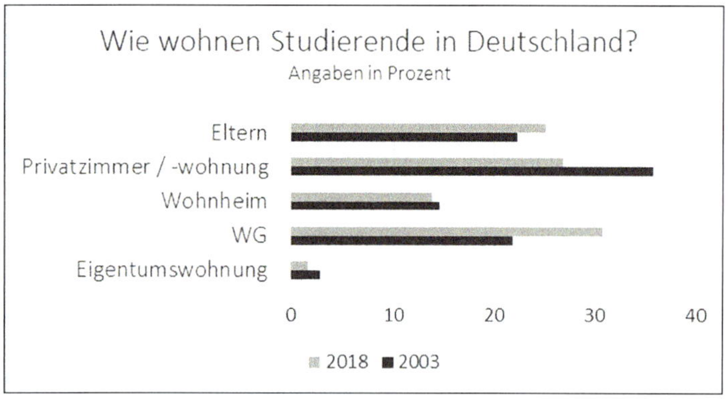

Quelle: CHE Hochschulranking „Im Blickpunkt: Studentisches Wohnen 2003 und 2018"

Thema:

____________________ formen von

____________________________ in

________________________.

TIPP Bei der Formulierung der Hauptinformation geht es noch nicht darum, die Grafik genau zu beschreiben, sondern Sie sollen deutlich machen, womit sie sich beschäftigt. Dazu formulieren Sie in einem ersten Schritt das Thema in Kurzform, oft nominalisiert, wie in den Aufgaben 1, 2 und 3. Nutzen Sie dafür die Informationen, die der Titel der Grafik bietet, indem Sie verbale Formen nominalisieren bzw. nominale Formen verbalisieren. (*Entwicklung der Umsätze im Buchhandel 2000 bis 2019 → wie haben sich die Umsätze im Buchhandel von 2000 bis 2019 entwickelt?*) Wenn Sie danach die Hauptinformation formulieren, haben Sie beide sprachlichen Möglichkeiten zur Verfügung und so bereits eine wichtige Vorarbeit geleistet. (*Die Grafik zeigt, wie sich die Umsätze im Buchhandel von 2000 bis 2019 entwickelt haben* oder *Die Grafik zeigt die Entwicklung der Umsätze im Buchhandel von 2000 bis 2019*)

4 Nutzung des Grafiktitels für die Hauptinformation: Üben Sie Nominalisierung und Verbalisierung bei Grafiktiteln.

1. Die größten Nachteile beim Onlineshopping (verbalisieren)

   Was / Welches sind die größten Nachteile beim Onlineshopping?

2. So viel Wasser verbrauchen die Europäer (nominalisieren)

   Der Wasser...

3. Anteil der Firmen mit Zugang zu schnellem Internet (verbalisieren)

   Wie viele

4. Wer ist für den Schutz der Daten zuständig? (nominalisieren)

   Zuständigkeit

5. Ausmaß der Bedrohung der Datensicherheit durch Schadprogramme

   Wie stark

6. Schadstoffbelastung in Arbeitsräumen

7. Der Anteil älterer Arbeitnehmerinnen und Arbeitnehmer in allen Berufsgruppen wächst

8. Ausgaben deutscher Firmen für Forschung und Entwicklung

2 Parameter und Quelle nennen

1 Was bedeutet das Wort „Parameter“ eigentlich? Schauen Sie sich die unterstrichenen Elemente in dem Lösungsbeispiel für Grafik 1 an und ergänzen Sie dann den Lückentext zur Definition von Parametern.

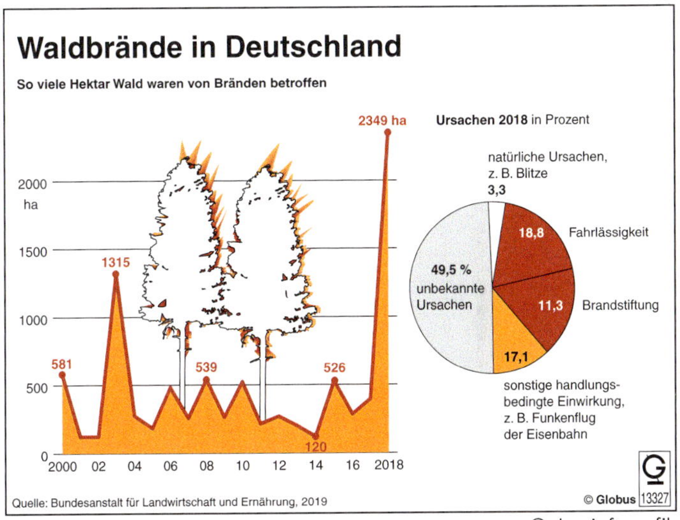

© dpa-infografik

Grafik 1

Das Schaubild stellt dar, wie viele Waldbrände es im Zeitraum von 2000 bis 2018 in Deutschland gab und welche Ursachen sie hatten. Die Daten stammen von der Bundesanstalt für Landwirtschaft und Ernährung, 2019.

[Zeitangaben • Ortsangaben • Prozentzahlen • Zahlen • Zeiträume]

Parameter umfassen alle die Informationen, die nötig sind, um eine Grafik richtig zu verstehen. Dazu gehören z. B. (1) ______________________ oder (2) ______________________, Mengenangaben in (3) ______________________ oder in ganzen (4)______________________ und eventuell auch (5) ______________________.

TIPP Die Parameter können sehr kurz formuliert werden und lassen sich meistens elegant mit der Hauptinformation der Grafik verbinden (siehe Kapitel 1). Auch hier geht es noch nicht um die genaue Beschreibung der einzelnen Daten.

2 Machen Sie Angaben zu den Grafiken 2 – 4: Ergänzen Sie dazu zunächst die Vorgabe in Grafik 2 und formulieren Sie dann in Grafik 3 + 4 selbständig.

a Nennen Sie jeweils die Parameter kombiniert mit der Hauptinformation. Der Redemittelkasten hilft Ihnen dabei.

b Nennen Sie im Anschluss die Quelle – beachten Sie dazu das Beispiel bei Grafik 1 sowie den Tipp auf der nächsten Seite.

- Das Diagramm zeigt für (das Jahr) … die Anteile* …
- Die vorliegende Grafik stellt … dar, und zwar für die Jahre … / jeweils für …
- Für den Zeitraum … informiert die vorliegende Grafik über …
- Die Angaben gelten für …
- Das vorliegende Schaubild zeigt für … im Zeitraum …
- Die Angaben sind / erfolgen in Prozent / in Millionen / in Euro / in ganzen Zahlen.

* Ein Anteil bedeutet immer eine Prozentangabe.

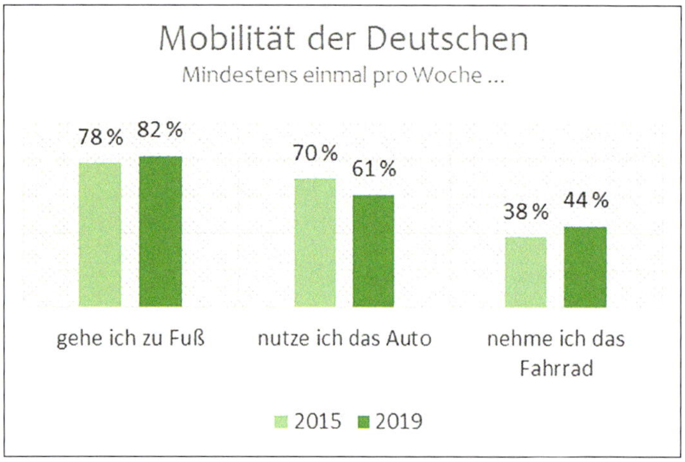

Quelle: Fahrrad-Monitor Deutschland 2019, Bundesministerium für Verkehr und digitale Infrastruktur

Grafik 2

Die ____________ Grafik zeigt für ____________ und ____________, welche Verkehrsmittel die ____________ mindestens ____________ nutzten. Die Daten ____________ ____________ 2019.

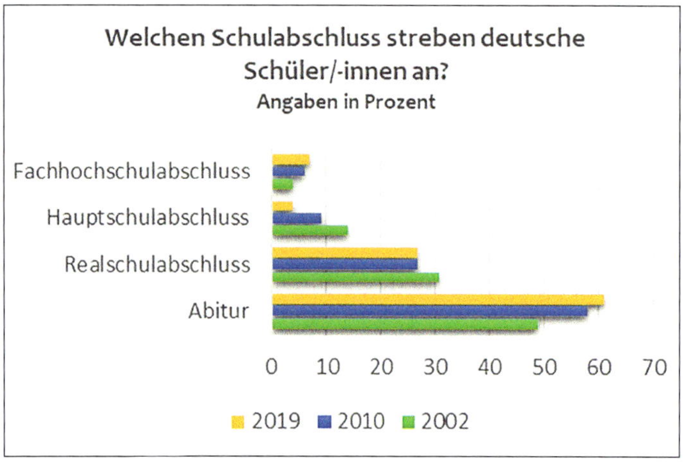

Quelle: Shell Jugendstudie 2019

Grafik 3

____

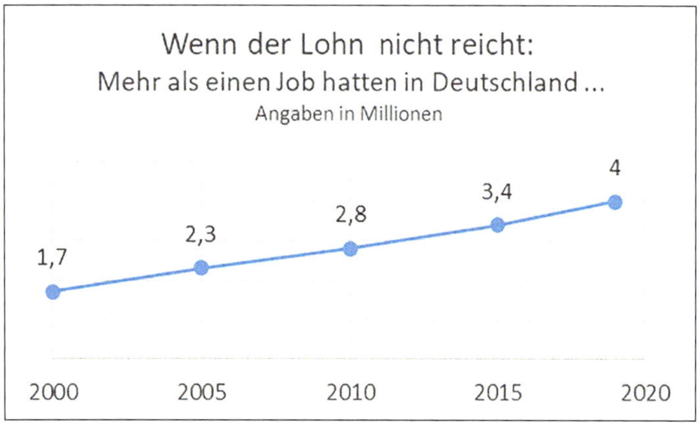

Quelle: IAB 2019, Hans-Böckler-Stiftung

Grafik 4

____

TIPP Beachten Sie die richtige Verwendung der Präpositionen bei *stammen* in Quellenangaben:

Die Daten / Informationen …

… **stammen aus** (= *wurden veröffentlicht von …*)
- einer Zeitschrift / Studie
- einem Buch
- aber: von einer Internetseite

… **stammen von** (= *wurden erstellt von …*)
- einem Institut / Datenportal
- einer Stiftung

Wenn der Satz dadurch nicht zu lang und unübersichtlich wird, kann man eine kurze Quellenangabe auch als Attribut hinter das Nomen *Grafik / Schaubild* … stellen: *Die Grafik von / aus …, 2019, zeigt …*

3 Der Umgang mit Prozentzahlen

1 Prozentzahlen lassen sich auch anders ausdrücken. Verbinden Sie Zahlen und Alternativen sinnvoll miteinander und ergänzen Sie das passende Nomen.

1. 75 % der AutofahrerInnen	_____ a) die Hälfte ____________________
2. 66 % der Hochschulen	_____ b) ein Drittel ____________________
3. 50 % der ArbeitnehmerInnen	_____ c) zwei Drittel ____________________
4. 25 % der Unfälle	_____ d) jeder vierte ____________________
5. 33 % der Studierenden	_____ e) jeder fünfte ____________________
6. 20 % der Obstbäume	_____ f) drei von vier ____________________

die Hälfte – ein / zwei Drittel – ein / drei Viertel – ein Fünftel usw. **+ Genitiv**
die Hälfte der Bewohner, ein Viertel der befragten Männer …
jede / r / s zweite … – jeder dritte / vierte / fünfte … usw. **+ Nomen im Singular**
jeder zweite Deutsche, jede dritte Frau, bei jeder vierten Bewerbung, von jedem fünften Kind …

2 Zusätzlich kann man Prozentzahlen und ihre Alternativen mit Adverbien variieren. Welche Ausdrücke passen zu den Prozentzahlen im Diagramm? Manchmal gibt es auch zwei Lösungen.

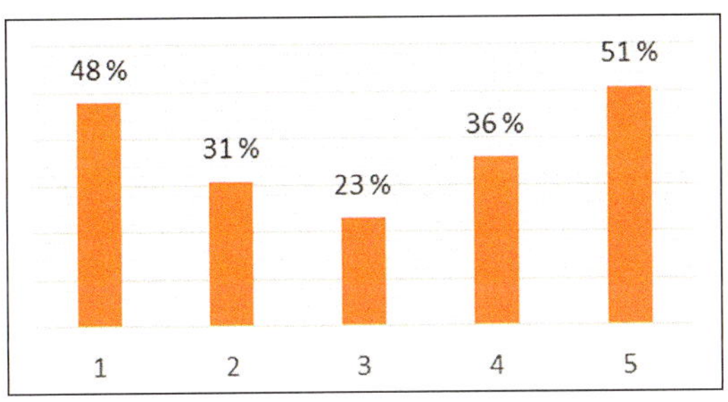

__4__ a) mehr als ein Drittel
_____ b) etwa die Hälfte
_____ c) knapp ein Viertel
_____ d) fast jeder dritte …
_____ e) fast jeder zweite …
_____ f) weniger als ein Drittel

etwas mehr:	**gut / über / mehr als …** (die Hälfte / ein Drittel usw.)
etwas weniger:	**fast / knapp / weniger als …** (die Hälfte / ein Viertel usw.)
etwas mehr / weniger:	**etwa …** (die Hälfte / ein Fünftel usw.)

3 Drücken Sie die Prozentzahlen aus dem Diagramm anders aus. Verwenden Sie dabei Alternativen aus den Aufgaben 1 und 2.

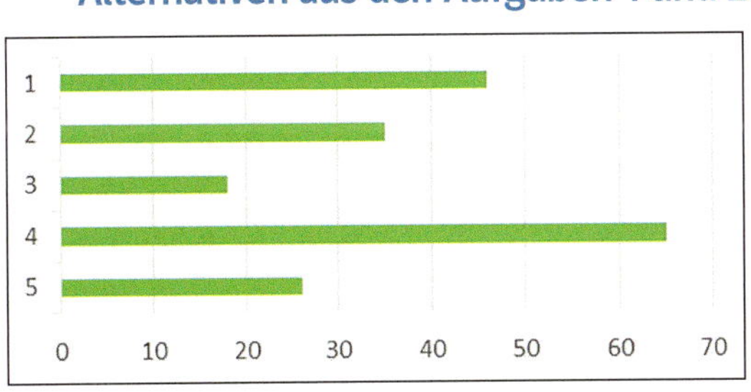

1. ____________________
2. ____________________
3. ____________________
4. ____________________
5. ____________________

TIPP Variieren Sie Ihre Ausdrucksweise, damit Ihre Zahlenangaben sprachlich passend und Ihre Texte gut lesbar sind.

4 Üben Sie die Nennung von Prozentzahlen und ihren Alternativen.

a Formulieren Sie folgende Sätze um, indem Sie die Prozentzahlen nennen. Bei ungenauen Angaben verwenden Sie *etwa* + ungefähr geschätzte Zahl.

Fakten zum Freizeitverhalten der Bürger

1. Mehr als jeder fünfte Deutsche schaut wenigstens einmal pro Woche Serien und Filme über Streaming-Anbieter.

   Etwa ____________________

2. Jeder Fünfte ist wenigstens einmal pro Monat ehrenamtlich engagiert und jeder Dritte leistet nachbarschaftliche Hilfe.

   ____

3. Zwei Drittel der Ostdeutschen gehen niemals in die Kirche. Im Westen sind es nur halb so viele.

   ____

TIPP Achten Sie bei Zahlenangaben auf die richtige Verbform:
die Hälfte / ein Drittel der Studierenden hat … ABER *zwei Drittel / drei Viertel der Studierenden haben …*

b Formulieren Sie die Zahlenangaben der beiden Grafiken wie im Lösungsbeispiel. Wählen Sie dabei entweder eine Prozentzahl oder eine Alternative, je nachdem, was am besten passt.

Grafik 1

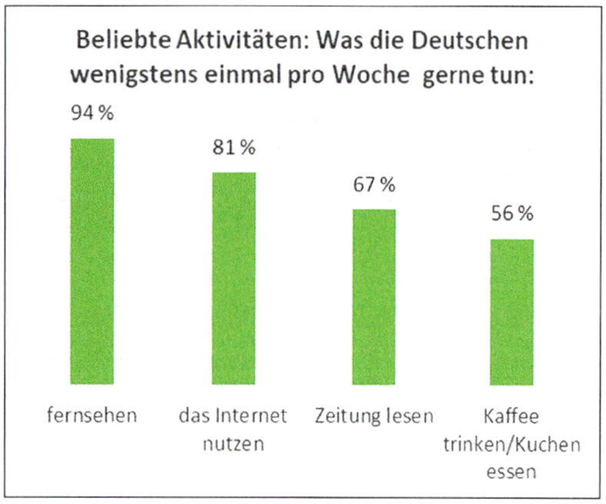

Quelle: Freizeit-Monitor 2019, Stiftung für Zukunftsfragen

1. Über 90 % der Deutschen sehen gerne / mindestens einmal pro Woche fern.
2. ____________________
3. ____________________
4. ____________________

Grafik 2

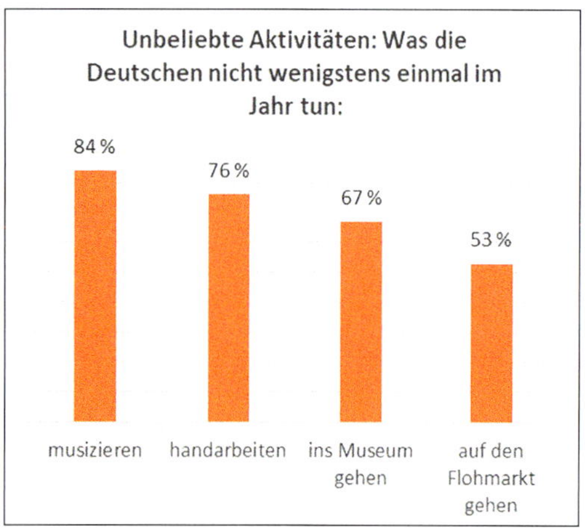

Quelle: Freizeit-Monitor 2019, Stiftung für Zukunftsfragen

1. ____________________
2. ____________________
3. ____________________
4. ____________________

5 **Beschreiben Sie die folgende Grafik. Benutzen Sie dazu sowohl Prozentzahlen als auch ihre Alternativen. Bilden Sie – wie im Lösungsbeispiel – zu jedem Vergleich zwei Sätze.**

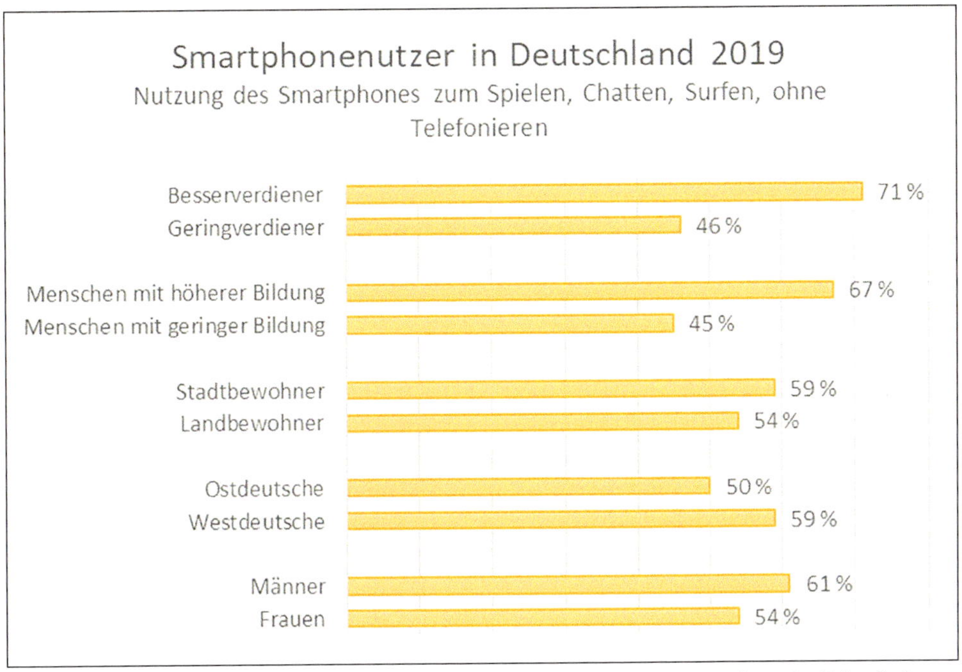

Quelle: Freizeit-Monitor 2019, Stiftung für Zukunftsfragen

1. Über 70 % der **Besserverdiener** nutzen ein Smartphone. Weniger als die Hälfte der **Geringverdiener** nutzt eins.

2. ____

3. ____

4. ____

5. ____

TIPP Sie müssen nicht immer alle Zahlen einer Grafik nennen – das Thema und der Kontext helfen Ihnen bei der Auswahl der relevanten Angaben. Deshalb ist es wichtig, das Thema, die Hauptaussage und die Parameter zu erfassen, bevor Sie mit der genaueren Beschreibung der Daten beginnen.
Enthält eine Grafik sehr viele Daten, sind häufig die größten Werte auch die wichtigen. Dann brauchen Sie kleinere Werte nicht unbedingt zu nennen. Manchmal sind aber auch die kleinen Werte die „positiven" und damit wichtigen, z. B. bei Schadstoffen in der Luft o. Ä. Dann können Sie auch die großen Werte nennen, um Unterschiede deutlich zu machen oder Vergleiche zu ziehen.

4 Informationen vergleichen und ein Fazit ziehen

1 Bearbeiten Sie die Aufgaben zu den folgenden beiden Grafiken.

a Ergänzen Sie zunächst den Lückentext zu Thema, Parametern und Quelle.

Grafik 1

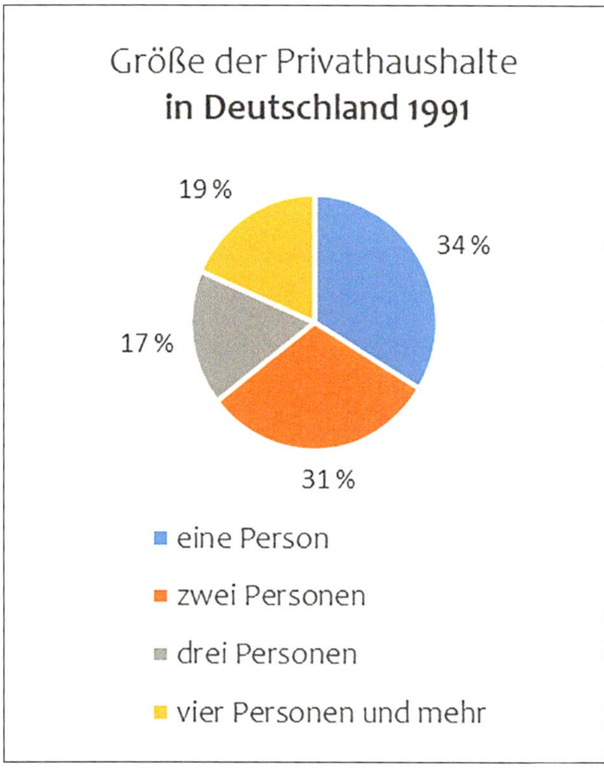

Grafik 2

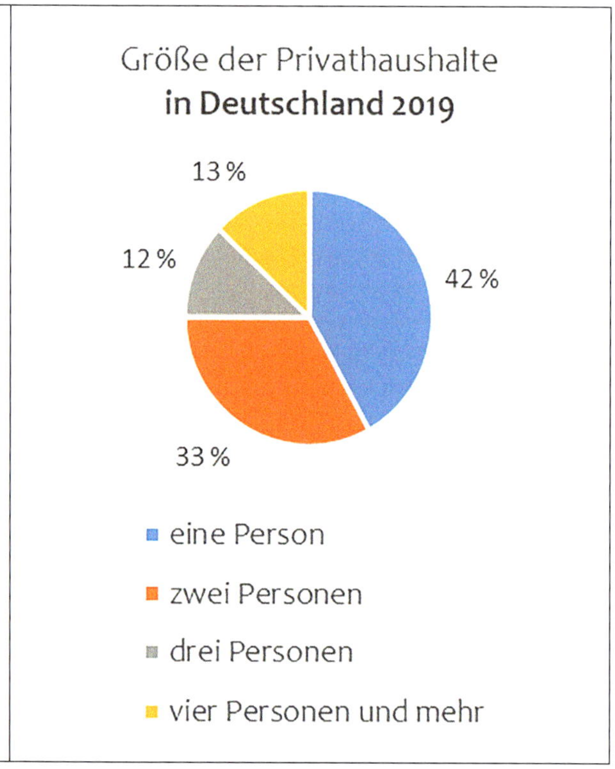

Quelle: Statistisches Bundesamt 2020

Die beiden vorliegenden Grafiken ______________ die ____________ ____ ______________________ in Deutschland für _________ und ______________ dar. Sie zeigen jeweils den Anteil _____ ______________ mit __________, zwei, _________ und _________ ________ _________ Personen. Die Daten stammen ____ ________________ ________________, _________.

b Lesen Sie den folgenden Text und unterstreichen Sie die Wörter, die einen Vergleich ausdrücken, und vergleichen Sie sie dann mit den vorgestellten Redemitteln in Aufgabe 2.

> Die Haushaltsgrößen haben sich in den letzten 27 Jahren deutlich verändert. 1991 lebten in etwa zwei Drittel aller Haushalte nur eine oder zwei Personen. Demgegenüber lag dieser Anteil 2018 schon bei 76 %.
> Auch die Anteile der größeren Haushalte zeigen auffällige Veränderungen: Während 1991 noch in fast jedem fünften Haushalt vier oder mehr Personen lebten, galt das 2018 nur noch für 12 %. Der Anteil der Haushalte mit drei Personen ist ebenfalls gesunken. 1991 waren es noch 17 %, 2018 dagegen nur noch 12 %.

TIPP Vor allem bei Torten- und Balkendiagrammen geht es häufig – aber nicht immer – um einen Vergleich von Daten. Aber auch bei Diagrammen, die eine Entwicklung darstellen, müssen manchmal die Daten verschiedener Jahre miteinander verglichen werden, siehe Aufgabe 4.

2 Schauen Sie sich den Redemittelkasten an und bilden Sie in der folgenden Übung Sätze mit den vorgeschlagenen Formulierungen.

Vergleich von Informationen

Die Zahlen sind unterschiedlich:

- **demgegenüber** — *63 % der Deutschen können gut Englisch. Demgegenüber sprechen nur 18 % gut Französisch.*
- **hingegen / dagegen** — *63 % der Deutschen können gut Englisch. Dagegen / hingegen sprechen nur 18 % gut Französisch. / Nur 18 % sprechen dagegen / hingegen gut Französisch.*
- **aber** — *63 % der Deutschen können gut Englisch. Aber nur 18 % sprechen gut Französisch.*
- **während** — *Während 63 % der Deutschen gut Englisch können, sprechen nur 18 % gut Französisch. / 63 % der Deutschen können gut Englisch, während nur 18 % gut Französisch sprechen.*

Die Zahlen sind gleich:

- **etwa so … wie …**
  genauso … wie …
  etwa gleich … — *Der Anteil der Deutschen, die gut Spanisch sprechen, ist (genau)so hoch / groß wie der Anteil derjenigen, die gut Russisch können.*

Die Zahlen sind doppelt / halb / dreimal so groß / hoch:

- **halb so … wie …**
  doppelt so … wie …
  dreimal so … wie … — *Der Anteil der Deutschen, die gut Englisch sprechen, ist dreimal so hoch / groß wie der Anteil derjenigen, die gut Französisch sprechen.*

1. mindestens eine Fremdsprache sprechen: Schweden 90 % – Deutsche 79 % (demgegenüber)

____

____

2. mindestens eine Fremdsprache sprechen: Dänen 90 % – Briten 38 % (hingegen / dagegen)

____

____

3. drei oder mehr Fremdsprachen sprechen: Luxemburger 50 % – Italiener 5 % (aber)

____

____

4. drei oder mehr Fremdsprachen sprechen: Finnen 40 % – Deutsche 10 % (während)

____

____

5. eine oder mehrere Fremdsprachen sprechen: Polen + Griechen (etwa so / genauso … wie …)

____

____

6. eine oder mehrere Fremdsprachen sprechen: Österreicher 84 % – Ungarn 42 % (doppelt so …)

____

____

Quelle: Alle Zahlenangaben stammen von eurostat 2016.

3 Schauen Sie sich Übung 5 auf Seite 13 noch einmal an und überarbeiten Sie Ihre Sätze, indem Sie die Redemittel zum Vergleich verwenden, wie im Beispiel gezeigt.

1. *Über 70 % der **Besserverdiener** nutzen ein Smartphone. Dagegen nutzt weniger als die Hälfte der **Geringverdiener** eins.*
2. ______________________________
3. ______________________________
4. ______________________________
5. ______________________________

4 Vergleichen Sie die Informationen zur Produktivität in der Landwirtschaft in Deutschland in den Jahren 1960 + 2017.

Wie viele Menschen ernährt ein Landwirt in Deutschland? Angaben in ganzen Zahlen		Wie viel produziert ein Landwirt in Deutschland pro Hektar? Angaben in kg		
1960	**2017**		**1960**	**2017**
17	140	Weizen	3.500	7.640
		Kartoffeln	23.000	46.780

Quelle: Bundesinformationszentrum Landwirtschaft (BLZ)

Tabelle 1: *Während im Jahr 1960* ______________________________

Tabelle 2: ______________________________

5 Ein abschließendes Fazit – was ist das? Ergänzen Sie die Checkliste.

[Tendenz • Folgerungen • Zusammenfassung • Beschreibung]

Checkliste: Ein Fazit …

✓ … ist eine kurze (1) ______________ der Informationen aus den vorliegenden Daten.

✓ … steht am Ende der (2) ______________ der Daten.

✓ … soll aus den beschriebenen Zahlen eine (3) ______________, eine Entwicklung oder logische (4) ______________ ableiten, ohne die Zahlen zu wiederholen.

6 Schauen Sie sich die Redemittel an und schreiben Sie dann ein kurzes Fazit (1 – 2 Sätze) zu den Grafiken und Tabellen in diesem Kapitel.

Ein abschließendes Fazit formulieren

Die (vorliegenden) Zahlen / Daten …
- zeigen …
- machen deutlich / verdeutlichen …
- legen nahe, dass …

Aus den Zahlen / Daten …
- geht hervor, dass …

1. ein Fazit für Grafiken 1 + 2 (deutlicher Trend zu kleineren Haushalten):

____

____

2. ein Fazit zu Tabellen 1 + 2 (Produktivität … enorm gestiegen):

____

____

7 Beschreiben Sie die Entwicklung des Verbrauchs an Verpackungsmüll und vergleichen Sie die Mengen der Bestandteile im Jahr 2017. Die Redemittelbox bietet Ihnen Formulierungshilfen an. Formulieren Sie auch ein kurzes Fazit.

Grafik 3

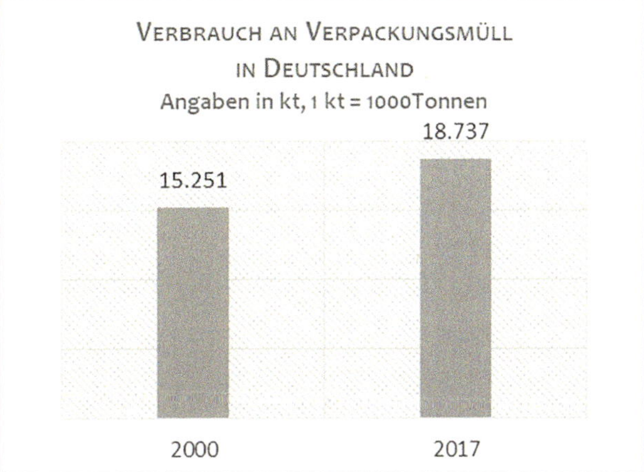

Grafik 4

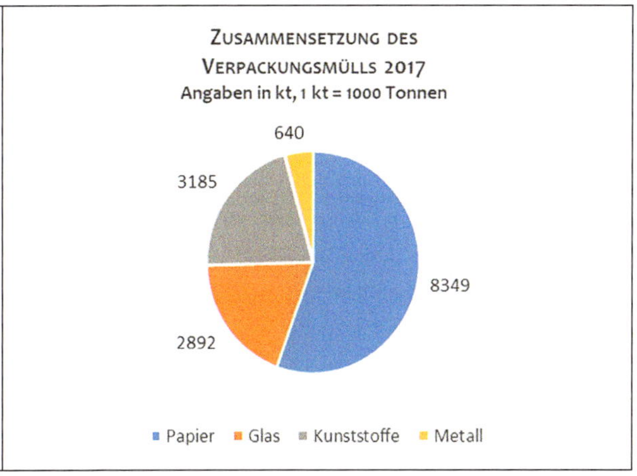

Quelle: Umweltbundesamt 2019

____

____

____

____

Die Müllmengen im Kreisdiagramm vergleichen

- sich zusammensetzen aus …
- mit … kt* zum größten Teil bestehen aus …
- die Menge an …
- der Müll aus … umfasst … kt*

* kt (Kilotonne) bezeichnet hier eine Maßeinheit, die 1.000 Tonnen entspricht.

5 Beschreibung von statistischen Daten

1 Machen Sie sich Notizen zu den dargestellten Informationen. Folgen Sie dabei den unten genannten Stichpunkten.

Grafik 1

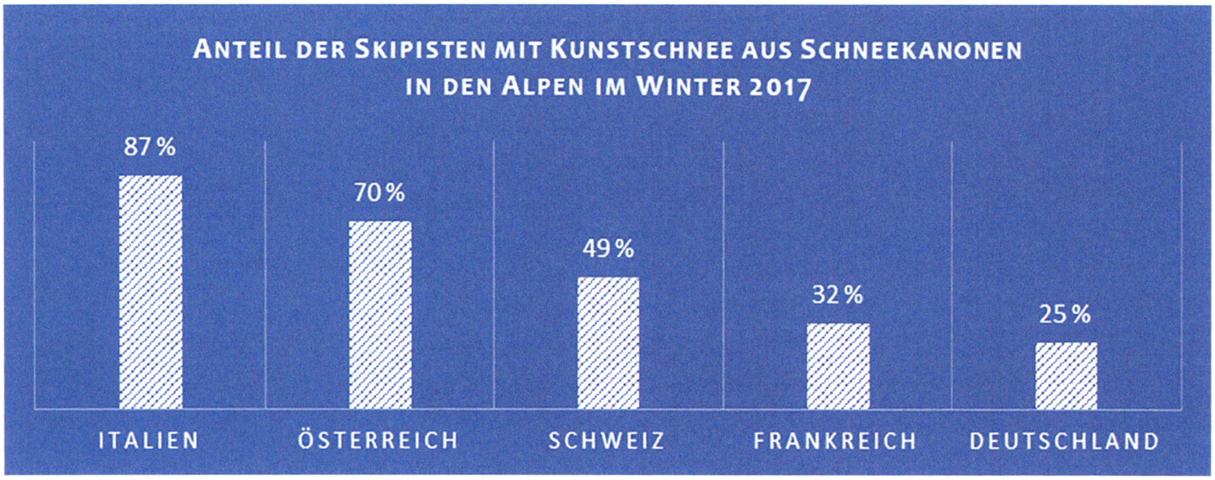

Quelle: @Statista 2019

1. Thema: *Anteil der Skipisten, die* __________

   Parameter: *Alpenländer: It, A, Ch,* __________

   Quelle: __________

2. die höchsten Werte: *It – 87 %* __________

   die niedrigsten Werte: *D – 25 %* __________

3. Fazit: *vermutliche Gründe für unterschiedlich hohe Werte:* __________

   ____

2 Lesen Sie den folgenden Text und notieren Sie rechts daneben, welche Ihrer notierten Stichpunkte an welcher Stelle ausformuliert werden.

Text	Stichpunkte
Wer heutzutage zu Weihnachten in den Skiurlaub fahren möchte, muss sich gut überlegen, wohin er fahren will. Der Klimawandel führt nämlich dazu, dass viele Skigebiete nicht mehr schneesicher sind. Skitourismus ist aber für viele Regionen ein sehr wichtiger Wirtschaftsfaktor, deshalb nutzen viele Skigebiete inzwischen künstlichen Schnee, um ihre Pisten für Gäste attraktiv zu halten.	*1. Einleitung*
Das zeigt auch das vorliegende Säulendiagramm. Es stellt dar, wie viel Prozent der Skipisten in den Alpenländern Italien, Österreich, Schweiz, Frankreich und Deutschland im Jahr 2017 künstlich beschneit wurden. Die verwendeten Daten stammen von Statista, 2019.	*2.* __________
In Italien und Österreich ist der Anteil der künstlich beschneiten Pisten mit fast 90 % bzw. 70 % sehr hoch. Danach folgt die Schweiz mit knapp 50 %. In Frankreich und Deutschland liegt der Anteil dagegen bis jetzt viel niedriger. In Frankreich wird nur ein Drittel und in Deutschland ein Viertel der Skipisten künstlich beschneit.	*3.* __________
Die Zahlen machen deutlich, dass die italienischen und österreichischen Skigebiete vom Schneemangel stark betroffen sind. Für den Tourismus dieser beiden Länder sind die schneesicheren Pisten vermutlich überlebenswichtig.	*4.* __________

3 Lesen Sie die Redemittel zur Beschreibung von Zahlen im Redemittelkasten, vergleichen Sie sie mit dem Textbeispiel in Aufgabe 2 und verwenden Sie dann die vorgestellten Formulierungen im Lückentext unten.

eine Zahl nennen

• **liegen bei** (für absolute Zahlen und Prozentangaben)	Der niedrigste Wert ist nur halb so hoch und **liegt bei** ca. 1,3. Der Anteil von / der … **liegt bei** ca. 5 %.
• **betragen** (für Geldsummen, absolute Zahlen)	Die Kosten für die neue Konzerthalle waren höher als erwartet und **betrugen** 2,5 Millionen Euro. Die Zahl der Studierenden in Deutschland **betrug** im Wintersemester 2018/19 fast 3 Millionen.
• **sich belaufen auf** (für Geldsummen, ganze Zahlen)	Die Schadenssumme **belief sich auf** 2 Millionen Euro. Die ausstehenden Zahlungen **beliefen sich** inzwischen **auf** 30 000 Dollar.
• **der Anteil, -e** (= eine Prozentzahl)	Erneuerbare Energien haben **einen Anteil von** 29 %.
• **der Wert, -e** (jede Zahlenangabe)	Der Verbrauch von Zigaretten ist deutlich gefallen. **Den niedrigsten Wert** finden wir 2016, er lag bei 918 Stück pro Kopf.

eine Reihenfolge beschreiben

- Der Hersteller A **hat** mit fast … % **den größten / niedrigsten** Markt**anteil**.
- **Danach folgen** die Hersteller B + C mit einem Anteil von … % bzw. … %.
  Dann kommt die Firma D mit … Stück pro Monat.
- **Auf dem 2. / 3. / letzten Platz liegt** / kommt / folgt die Firma E mit … %.
  An 2. / 3. Stelle liegt / kommt / folgt die Firma E mit … Stück.
  Das Schlusslicht bildet Hersteller F mit einem Anteil von … %.

Tabelle 1

Anteile der konventionellen Energieträger an der Stromerzeugung in Deutschland 2019

Angaben in Prozent

Kohle	Erdgas	Kernenergie	Sonstige
30 %	11 %	13 %	3 %

Quelle: Statistisches Bundesamt 2020

Die ______________________ leisteten 2019 noch einen großen Beitrag zur Stromversorgung. Den ______________ hatte hier ______________ mit 30 %, also mit ________ ______________________. Der Anteil ______________________ 11 %.
Zusammen lieferten die fossilen Energien also über ______________________,
während der Anteil ______________________ 2019 nur noch ______________ belief.
__________ stammten ______________________.
Insgesamt lag also ______________________,
also bei ______________________ der gesamten Stromversorgung.

4 Erstellen Sie jetzt einen Text zu Grafik 2 und Tabelle 2 aus den Vorgaben. Nummerieren Sie bei Einleitung und Fazit die Sätze in der richtigen Reihenfolge und ergänzen Sie die Lücken in der Beschreibung der Daten.

Grafik 2

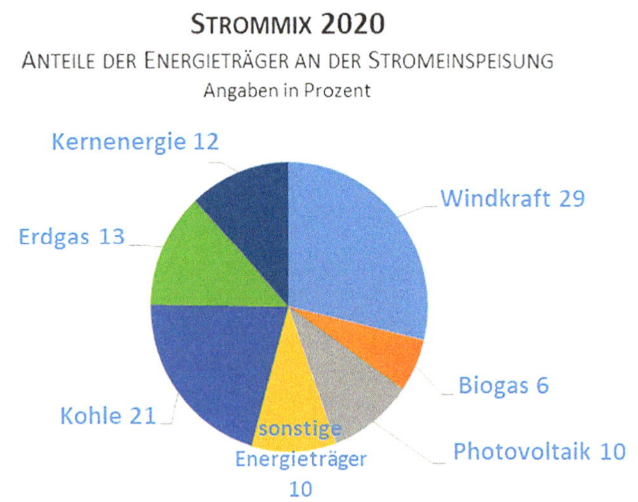

Tabelle 2

Anteil erneuerbarer Energieträger an der Stromeinspeisung – Im Vergleich

April 19	April 20
43 %	52 %

Quelle: Statistisches Bundesamt 2020

_____ a) Aber wie sieht eigentlich der aktuelle Stand aus?

_____ b) Die Daten vom Statistischen Bundesamt von 2020 zeigen dazu, welchen Anteil die verschiedenen Energieträger im April 2020 an der deutschen Stromerzeugung hatten.

_____ c) Die Folgen des fortschreitenden Klimawandels und der öffentliche Druck z. B. durch die Fridays-for-Future-Bewegung machen einen schnellen Ausbau der erneuerbaren Energieformen immer notwendiger.

_____ d) Außerdem kann man den Daten entnehmen, wie sich der Anteil der erneuerbaren Energien von April 2019 bis April 2020 entwickelt hat.

Die erneuerbaren Energien konnten ihren Anteil an der Stromversorgung zwischen _____________________ _____________________ ausbauen. Er stieg in diesem Zeitraum _____________________ _____________. Damit wird _____________________ des Strombedarfs aus _____________________ gedeckt. Den größten Anteil an der gesamten Stromversorgung hat inzwischen _____________________ mit __________. Erst danach _____________________ Energieträger, und zwar _____________________ und _____________________. Auch die Kernenergie liefert trotz der Abschaltung einiger Atomkraftwerke noch _____________. Der Anteil von Photovoltaik _____________ auf __________. Auf dem letzten _____________________ mit _____________. Ein _____________ des Stroms stammt von _____________________.

_____ e) Immer noch liefern fossile Energieträger ein Drittel unseres Stroms.

_____ f) Wenn man den CO_2-Ausstoß effektiv vermindern und den Klimawandel noch beeinflussen möchte, müssen sowohl Windkraft als auch Photovoltaik viel stärker gefördert werden, um ihren Anteil an unserer Stromversorgung nochmals drastisch zu steigern.

_____ g) Auch wenn der Anteil der erneuerbaren Energien erfreulich stark gewachsen ist, machen die Zahlen deutlich, dass man mit diesem Strommix noch lange nicht zufrieden sein kann.

5 Üben Sie die Beschreibung von Zahlen an der folgenden Grafik.

Grafik 3

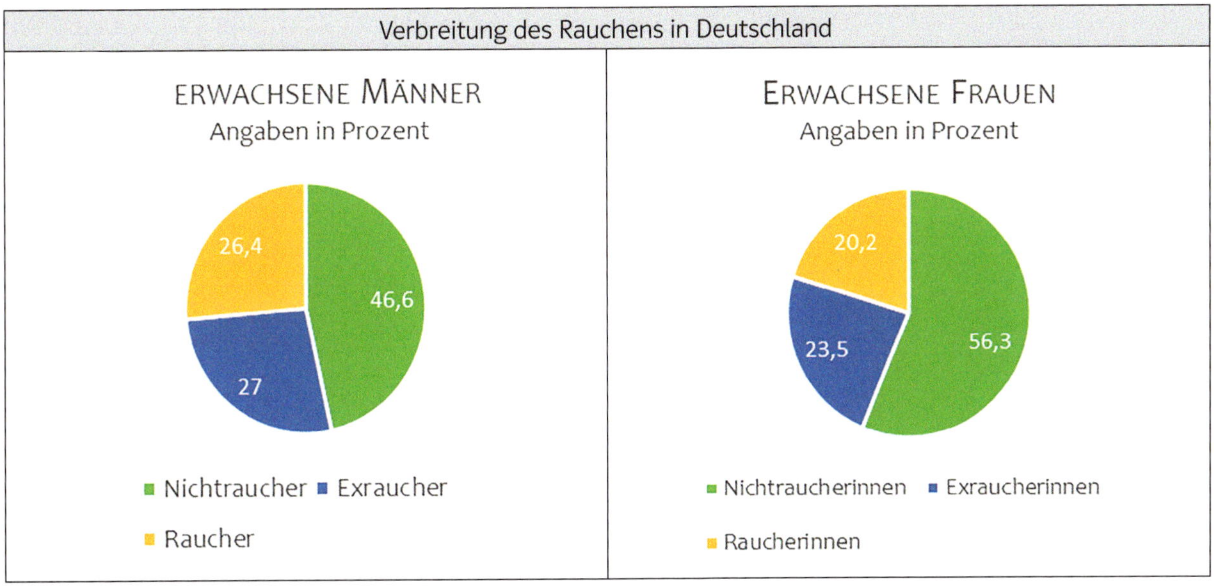

Quelle: Epidemiologischer Suchtsurvey 2018

a Machen Sie sich zuerst Notizen in Stichwörtern, ähnlich wie in Aufgabe 1.

1. Thema: ____________________

   Parameter: ____________________

   Quelle: ____________________

2. Werte: ____________________

   ____

3. Überlegungen zum Fazit: ____________________

   ____

b Beschreiben und vergleichen Sie die Daten der beiden Grafiken. Nutzen Sie dazu Ihre Stichpunkte und schreiben Sie auch eine kurze Einleitung (1 – 2 Sätze) sowie am Ende ein kleines Fazit.

____

____

____

____

____

____

____

____

____

____

6 Entwicklungen und Trends beschreiben

1 Grundbegriffe für die Beschreibung einer Entwicklung

a Ordnen Sie die Wörter aus dem Schüttelkasten den Begriffen zu. Manche Wörter können mehrfach verwendet werden.

[nehmen • (stetig) fallend • hoch • Arbeitslosen- • niedrig • negativ • stagnieren • verlaufen • der Löhne • rückläufig • positiv • steigend • betragen • sich entwickeln]

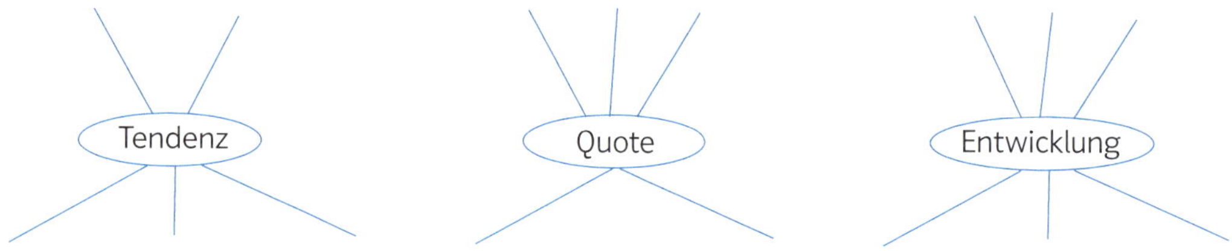

b Ergänzen Sie die Lückentexte zu den beiden Grafiken und verwenden Sie dabei den Wortschatz aus Übung a.

Grafik 1

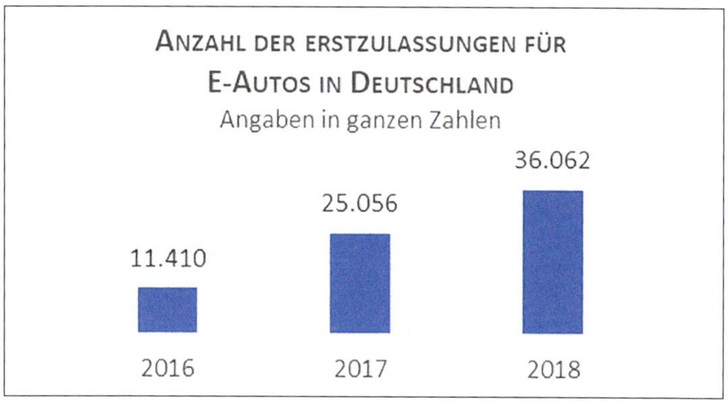

Quelle: Eurostat 2020

Bei der Zahl der Erstzulassungen für E-Autos kann man seit 2016 eine (1) ______________ ______________ beobachten. Diese Zahlen zeigen, dass die Nachfrage nach Elektroautos eine erstaunlich gute (2) ______________ ______________, nachdem sie vorher jahrelang (3) ______________ hatte.

Grafik 2

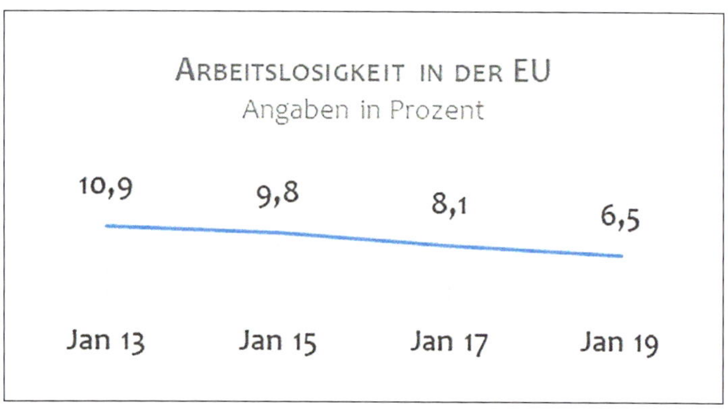

Quelle: Eurostat 2019

Die Arbeitslosen(4)______________ in der EU zeigt seit 2013 (5) ______________ ______________ ______________.

Die Arbeitslosenzahlen sind (6) ______________ und das beeinflusst auch die Löhne, deren Entwicklung positiv (7) ______________.

2 Variieren Sie Ihre Ausdrucksweise, indem Sie Nominalisierung nutzen. Bilden Sie jeweils das passende Nomen.

1 steigen	der A______________	5 sich verdreifachen	das D__________ / die V__________
2 wachsen	der Z______________	6 zurückgehen	der R______________
3 zunehmen	die Z______________	7 sinken	das A______________
4 sich erhöhen	die E______________	8 sich halbieren	die __________ / die __________

3 Eine steigende Tendenz beschreiben

a Lesen Sie den Text und unterstreichen Sie Begriffe, die eine steigende Tendenz ausdrücken.

Steigende Umsätze bei Biolebensmitteln
Als die ersten Biobauern in Deutschland ihre Produkte anboten, galten sie noch als exotische Außenseiter und man sah keinerlei ernstzunehmende Konkurrenz in ihrem Angebot. Inzwischen hat sich das deutlich verändert, denn der Umsatz mit Bioprodukten wächst seit 20 Jahren stetig. Ebenso können wir auch bei der Nachfrage eine kontinuierliche Zunahme beobachten.
Während der Umsatz mit Biolebensmitteln im Jahr 2000 noch bei 2,1 Mrd. Euro lag, war er 2010 auf 6 Mrd. Euro angestiegen. Das ist eine Verdreifachung innerhalb von 10 Jahren. Bis 2015 erhöhte sich der Umsatz weiter von 6 auf 8,6 Mrd. Euro und bis 2018 stieg er erneut um fast 3 auf knapp 11 Mrd. Euro. Das ist noch einmal fast eine Verdoppelung in diesen 8 Jahren.
Mit diesem Zuwachs hatte niemand gerechnet und es scheint, als sei die Entwicklung noch nicht an ihrem Ende angekommen.

b Schauen Sie sich jetzt die folgende Grafik an und ergänzen Sie die Lücken in der Grafikbeschreibung. Benutzen Sie dabei den Wortschatz aus a und beachten Sie auch die Box unten.

Grafik 3

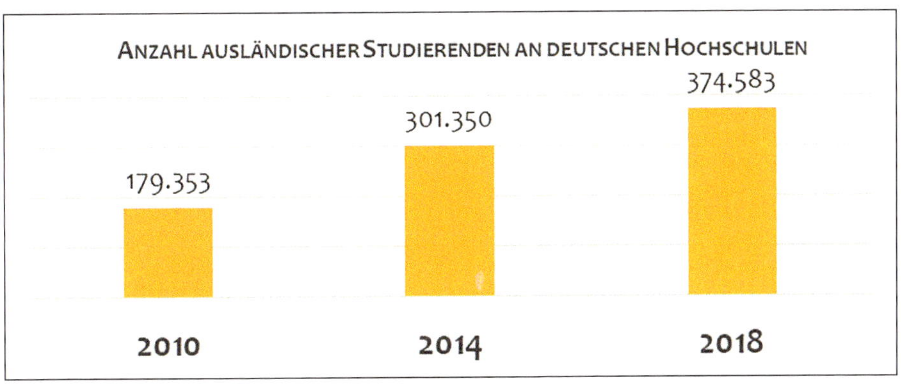

Quelle: Statistisches Bundesamt

Wie aus den vom Statistischen Bundesamt zusammengestellten Daten hervorgeht, zeigt die Zahl der ausländischen Studierenden an deutschen Hochschulen seit 2010 durchgehend eine ______________________ ______________________. Während ihre Zahl 2010 mit ______________ noch unter 200.000 lag, ___________ sie bis 2014 ______ mehr als 100.000 _______ ____________________. In den folgenden vier Jahren sehen wir eine erneute ____________ ____________ ______________. Zwischen 2010 und 2018 hat sich also die Anzahl der ausländischen Studierenden mehr als ______________________________.

Wichtige Präpositionen bei der Beschreibung einer Entwicklung:

um formuliert eine **Differenz** → *um das Doppelte, um 20 000, um 3 %*
von formuliert einen **Ausgangswert** → *von 100, von 20 %*
auf formuliert einen **Endwert** → *auf 200, auf 60 %, auf das Dreifache*

c Bilden Sie Sätze aus dem vorgegebenen Material.

1. (im letzten Jahrhundert – Lebenserwartung der Deutschen – ↗ – stark) ______________________________
____

2. (die Lebenserwartung der Frauen – zwischen 1900 und 2018 – ↗ – fast das Doppelte – 44 Jahre / 83 Jahre)
____
____

4 Eine fallende Tendenz beschreiben

a Lesen Sie den Text und unterstreichen Sie Begriffe, die eine fallende Tendenz ausdrücken.

Immer weniger Hauptschulen in Deutschland
Während vor einigen Jahrzehnten die meisten Ausbildungsberufe noch mit einem Hauptschulabschluss erlernt werden konnten, brauchen die Jugendlichen heute meistens einen Realschulabschluss oder sogar das Abitur dafür.
Die Daten des Statistischen Bundesamtes 2020 zeigen eine stark fallende Tendenz bei der Zahl der Hauptschulen. 2008 gab es noch 4.383 Hauptschulen in Deutschland. Bis 2013 sank ihre Zahl um etwa 25 % auf 3.193. Dieser starke Abwärtstrend setzte sich auch in den folgenden Jahren fort: Bis 2018 fiel die Zahl der Hauptschulen auf 2.112.
Das ist tatsächlich eine Halbierung innerhalb von 10 Jahren. Grund für diesen dramatischen Rückgang sind die ebenfalls stark rückläufigen Zahlen der HauptschülerInnen.

b Schauen Sie sich jetzt die folgende Grafik an und ergänzen Sie die Lücken in der Grafikbeschreibung. Benutzen Sie dabei den Wortschatz aus a und beachten Sie auch die Box unten.

Grafik 4

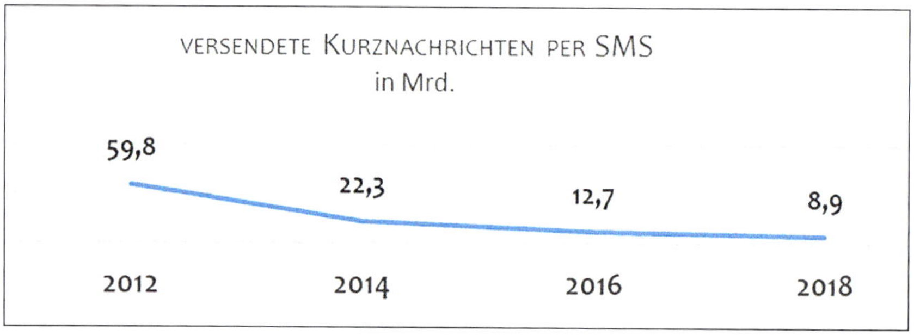

Quelle: Bundesnetzagentur, Jahresbericht 2017 und 2019

Wie schnell sich die Kommunikationswege, die durch die neuen Medien möglich werden, auch wieder verändern, zeigen die Daten der Bundesnetzagentur, Jahresbericht 2017 und 2019. Während 2012 noch fast ____________ SMS verschickt wurden, ________ die Zahl dieser Kurznachrichten bis 2014 ________ ____________. Das ist ein ____________ ____________ ____ mehr als ____ ____________ innerhalb von zwei Jahren. Bis 2016 ____________ sich die Zahl fast noch einmal und lag dann bei 12,7 Mrd. Bis 2018 ____________ sie nur noch ____________ ________ ____________.

Verwendung von Adverbien zur differenzierten Beschreibung der Entwicklung:

leicht ⟷ **stark** fallen / steigen
unwesentlich ⟷ **enorm / dramatisch** wachsen / zurückgehen
kaum ⟷ **deutlich** abnehmen / zunehmen
stetig / kontinuierlich sich erhöhen / sinken

c Bilden Sie jetzt Sätze aus den Vorgaben. Fügen Sie selbständig je ein Adverb hinzu.

1. (Raucherquote bei erwachsenen Männern – zwischen 1995 und 2018 – ↘ – fast die Hälfte – 22,2 %)

____

____

2. (Arbeitslosenquote in Deutschland – von 1998 bis 2018 – ↘ – 11,1 % / 5,2 % – weniger als die Hälfte)

____

____

5 In welchem Zeitraum hat sich die Entwicklung vollzogen? Lesen Sie die Redemittel und bilden Sie anschließend Sätze.

innerhalb (+ Genitiv) / von	*innerhalb eines Jahres / eines Jahrzehnts* *innerhalb von zwei / drei Jahren*
im Zeitraum von … bis von … bis	*im Zeitraum von 2010 bis 2020* *von 2010 bis 2020*
zwischen … und …	*zwischen 1950 und 2020*
in (+ Dativ)	*in den letzten zwei Jahren / im letzten Jahrhundert* *in einem Jahrzehnt*

1. ____________________
Anteil der erneuerbaren Energien an der Stromerzeugung – 2018 / 2019 – ↗ – 40,2 % / 46 % – leicht

2. ____________________
öffentliche Bildungsausgaben je Einwohner – in Deutschland – 1997 / 2017 – ↗ – 934 € / 1613 €

3. ____________________
Umsatz mit Computer- und Videospielen – in Deutschland – 2010 / 2018 – ↘ – 1,6 Mio. € / 1,1 Mio. €

4. ____________________
jährlicher Fleischkonsum pro Kopf – in Deutschland – 2000 / 2017 – ↘ – nur unwesentlich – 61 kg / 59,7 kg

5. Formulieren Sie selbständig:

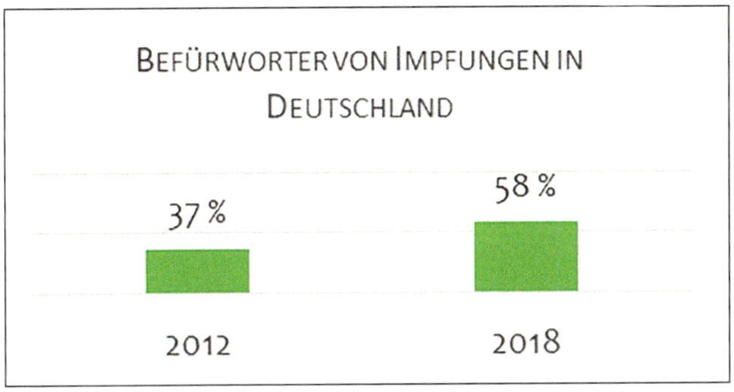

Grafik 5

____

____

____

____

Quelle: Bundeszentrale für gesundheitliche Aufklärung 2019

6. Formulieren Sie selbständig:

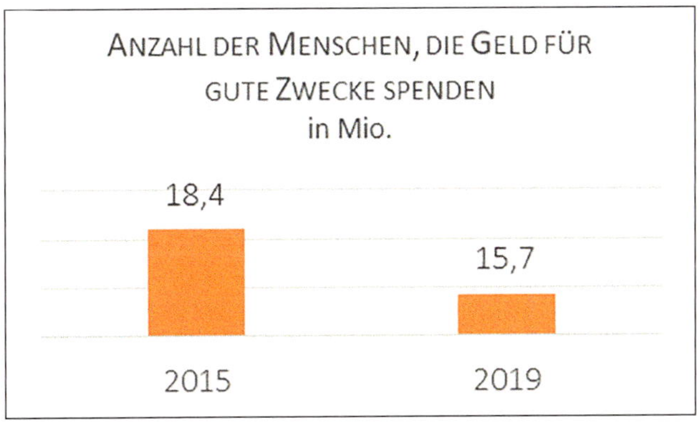

Grafik 6

____

____

____

____

Quelle: GfK SE / Deutscher Spendenrat e. V.

TIPP Sehr gute Möglichkeiten zur Wortschatzarbeit finden Sie im Digitalen Wörterbuch der deutschen Sprache (dwds): www.dwds.de. Hier werden nicht nur die genaue Bedeutung und Synonyme angegeben, sondern auch Beispielsätze sowie typische Kontexte und Verbindungen des gesuchten Wortes.

6 Beschreiben Sie beide Grafiken mit steigender Tendenz.

a Ergänzen Sie die Lücken.

Grafik 7

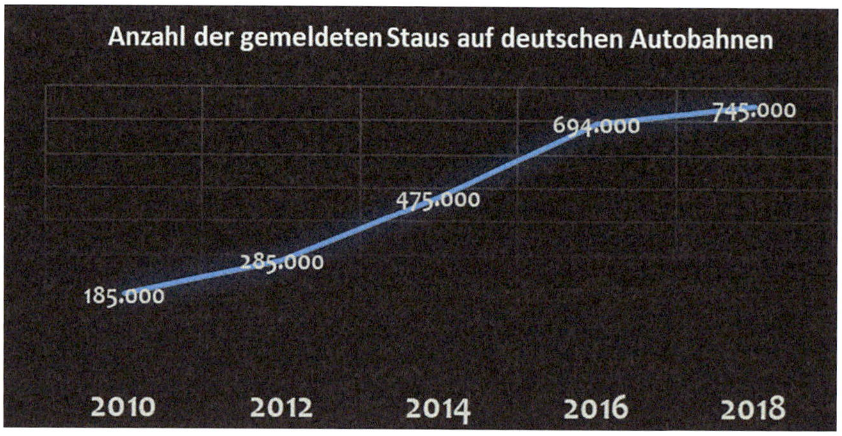

Quelle: ADAC SE 2019

Von 2010 ________ 2012 ist die Zahl ________ ________ auf deutschen Autobahnen ________ ________ ________ ________ ________. Auch ________ 2012 und 2014 ________ sie ________ fast ________ ________ und lag dann ________ ________. Bis ________ hat sie nochmal ________ ________, und zwar ________ 694000. ________ 2018 gab es dann nur noch eine leichte ________ ________ etwa ________. Über den gesamten Zeitraum hat sich die ________ ________ ________ also ________ ________, und zwar etwa ________ das Vierfache.

b Formulieren Sie den Text zu Grafik 8.

Grafik 8

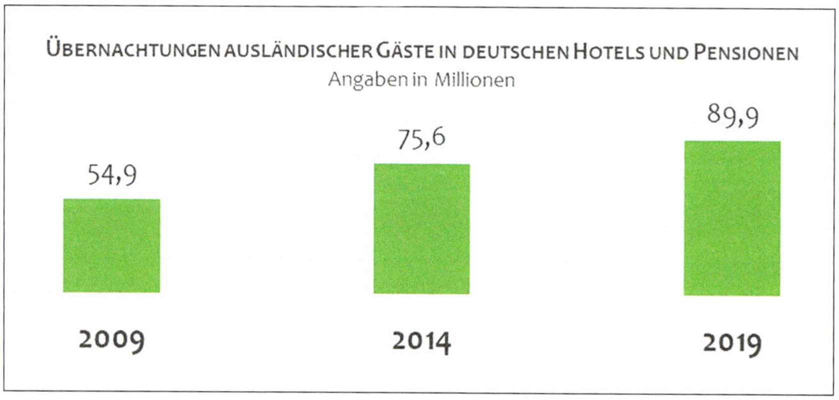

Quelle: Statistisches Bundesamt 2020

____

____

____

____

____

____

7 Beschreiben Sie beide Grafiken mit fallender Tendenz.

a Ergänzen Sie die Lücken.

Grafik 9

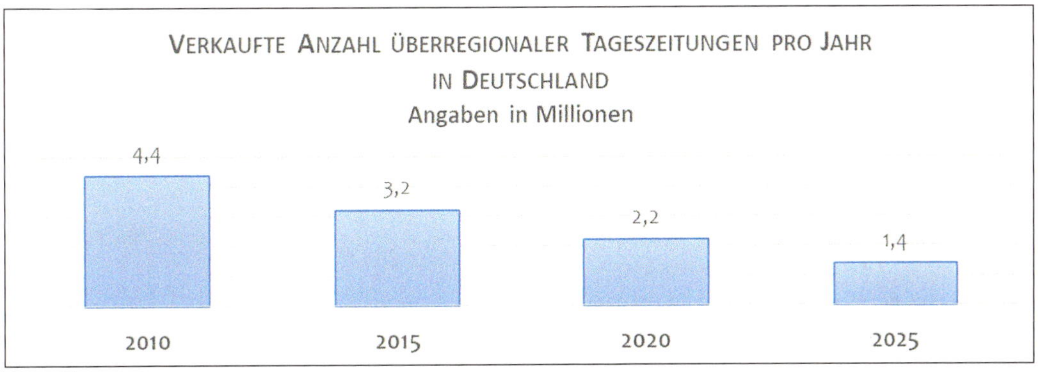

Quelle: @Statista 2020

Während __________ noch jährlich ______________________ überregionale Tageszeitungen verkauft wurden, __________ die Anzahl bis ________ ________ ______________________, also etwa _______ ein Viertel. Bis __________ hatte sie sich sogar _______________ und lag ________ ______________. Dieser Abwärtstrend soll sich laut Prognose fortsetzen und die Zahl der verkauften Tageszeitungen bis ________ __________ ______________ _______________. Das wären dann nur noch _________ % im Vergleich zu 2010 und ein ____________________ _________ drei Viertel.

b Formulieren Sie den Text zu Grafik 10.

Grafik 10

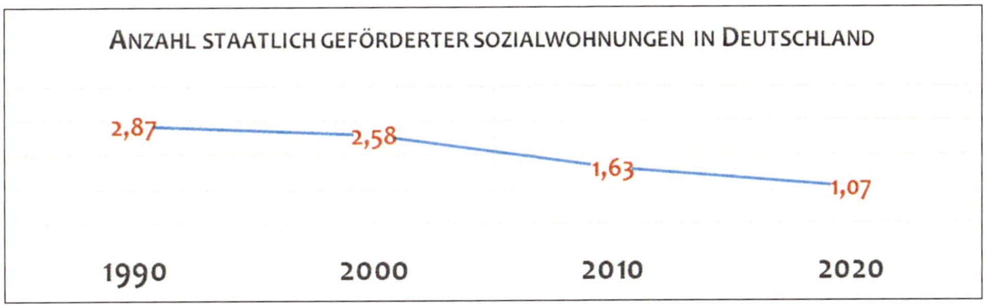

Quelle: BAG Wohnungslosenhilfe e. V. 2020

In den letzten Jahrzehnten sind die Preise für Mietwohnungen in deutschen Großstädten explodiert. Immer mehr Menschen können sie nicht bezahlen und sind auf staatlich geförderte, günstigere Sozialwohnungen angewiesen.

Allerdings ist deren Zahl ____

____

____

____

____

____

8 Beschreiben Sie Grafiken mit wechselnder Tendenz.

a Ergänzen Sie dazu die Satzanfänge.

Grafik 11

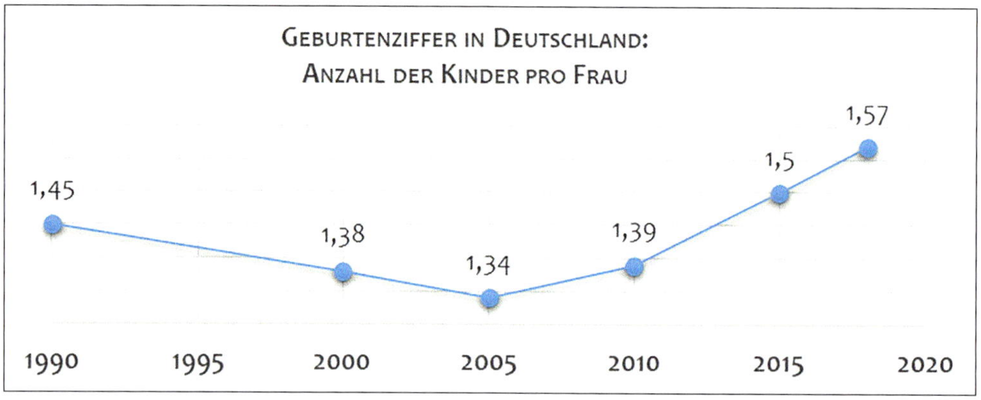

Quelle: Statistisches Bundesamt 2020

Dass in Deutschland zu wenige Kinder geboren werden, gilt schon seit langem. Aber die Statistik zur Geburtenziffer vom Statistischen Bundesamt aus dem Jahr 2020 zeigt doch eine überraschende Entwicklung. Im Zeitraum ____

____

____

Ab __________ dagegen ____

____

____

Insgesamt sieht man also einen ____________ ________________ der Geburtenziffer in ________ ____________ ________ Jahre.

b Vergleichen Sie die Entwicklungen der beiden Grafiken zum gleichen Thema. Schreiben Sie den Text dazu in Ihr Heft und vergleichen Sie ihn dann mit dem Lösungsvorschlag.

Grafik 12

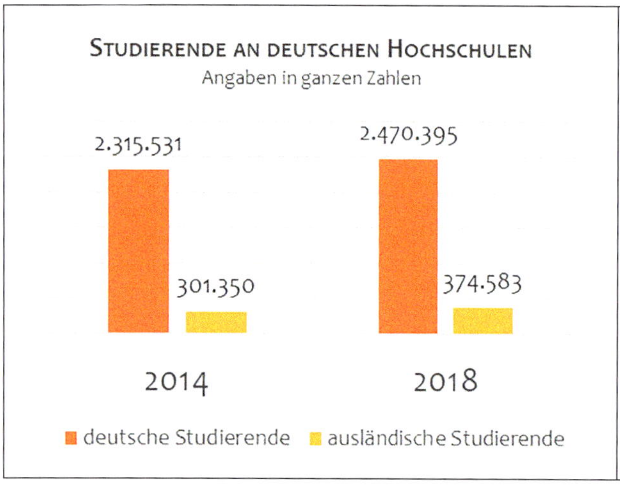

Grafik 13

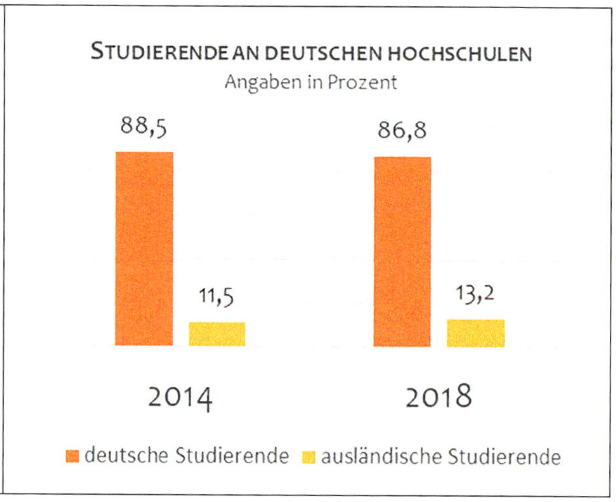

Quelle: Statistisches Bundesamt

7 Eine Grafik interpretieren

1 Grafikbeschreibung und Grafikinterpretation

a Lesen Sie die Texte und entscheiden Sie, was eine Beschreibung und was eine Interpretation ist.

Grafik 1

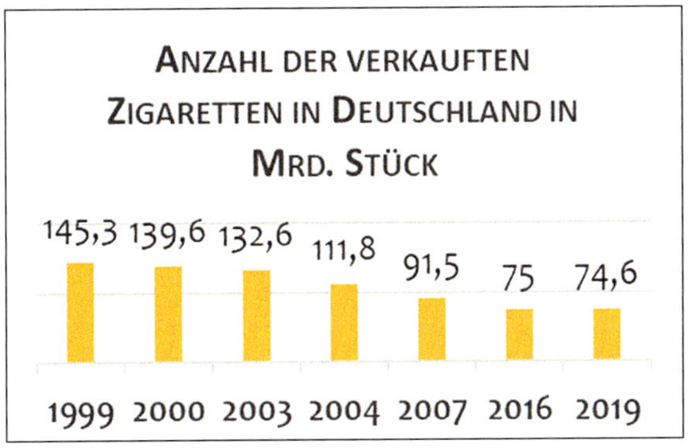

Tabelle 1

Gesetzliche Regelungen zur Einschränkung von Tabakwerbung

2000	Verbot von Werbung im Radio
2003	Warnhinweise (Text) auf Packungen
2004	Verbot von Gratisproben
2007	Werbeverbot Print und Online
2016	Warnhinweise (Text + Foto) auf Packungen

Quelle: Statistisches Bundesamt 2019

Text 1: ______________________

Dass mehr Menschen verstanden haben, wie ungesund Rauchen ist, sieht man auch an den Zahlen der verkauften Zigaretten in Deutschland von 1999 bis 2019, die das Säulendiagramm vom Statistischen Bundesamt (2019) zeigt. Der Tabelle aus der gleichen Quelle kann man entnehmen, welche gesetzlichen Maßnahmen gegen Zigarettenwerbung in diesem Zeitraum ergriffen wurden.
Während 1999 noch über 145 Milliarden Stück Zigaretten verkauft wurden, halbierte sich diese Zahl fast bis 2019 auf 74,6 Milliarden. Im selben Zeitraum, nämlich in den Jahren 2000, 2003, 2004, 2007 und 2016, wurden kontinuierlich Gesetze erlassen, die die Werbung für Zigaretten einschränkten, Gratisproben verboten und Warnhinweise auf den Packungen erzwangen.
Die Entwicklung der Zahlen macht deutlich, dass die gesetzlichen Maßnahmen sehr wirkungsvoll waren.

Text 2: ______________________

Die Tatsache, dass Rauchen die Gesundheit so stark schädigt, rechtfertigt staatliche Maßnahmen, um das Rauchverhalten der Menschen zu verändern. Das Säulendiagramm vom Statistischen Bundesamt von 2019 zeigt, dass die Zahl der verkauften Zigaretten zwischen 1999 und 2019 von 145,3 Milliarden um etwa die Hälfte sank, während wir der Tabelle aus der gleichen Quelle entnehmen, dass in diesem Zeitraum verschiedene Gesetze erlassen wurden, die die Zigarettenwerbung einschränkten, Gratisproben verboten und Warnhinweise auf den Packungen vorschrieben.
Diese strengere Gesetzgebung ist offensichtlich der Grund dafür, dass die Zahl der verkauften Zigaretten stark zurückging, was natürlich bedeutet, dass auch die Zahl der Raucher/-innen sank.
Die Tatsache, dass heute weniger Menschen rauchen, führt dazu, dass die gesundheitlichen Schäden durch das Rauchen zurückgedrängt werden. Folglich sinkt auch die Zahl der typischen Erkrankungen wie Lungenkrebs, so dass sich die Kosten für das Gesundheitssystem reduzieren.
Insgesamt kann man also die gesetzlichen Maßnahmen als sehr erfolgreich bezeichnen.

b Gliederungspunkte einer Grafikinterpretation: Bringen Sie die Punkte in die richtige Reihenfolge. Orientieren Sie sich dabei am Text oben.

_____ a) vermutete Ursachen*, evtl. mit Erklärung
_____ b) Zusammenfassung der Daten
_____ c) Fazit
_____ d) Einleitung
_____ e) erwartete Folgen*, evtl. mit Erklärung
_____ f) Thema, Parameter, Quelle

* Die Ursachen einer Entwicklung sind meist nicht aus dem Kontext zu erschließen, sondern müssten vorgegeben werden (siehe Grafik 1 + Tabelle 1). Die erwarteten Folgen dagegen sind oft durch Allgemeinwissen, Kontext oder logisches Denken zu erschließen und sollten genannt und ausführlich erklärt werden. Häufig bestimmt auch eine Fragestellung, was erwartet wird.

c Welchen Wortschatz braucht man, um eine Erklärung, Ursachen und Folgen zu formulieren? Ergänzen Sie die synonymen Formulierungen für die folgenden Begriffe aus Text 2.

1. das heißt ______________________
2. deswegen ______________________
3. also ______________________
4. infolge ______________________
5. bewirken ______________________

d Formulieren Sie jetzt den Ausschnitt aus Text 2 mit Hilfe der Begriffe aus Aufgabe c um.

(1) ______________________ dieser strengeren Gesetzgebung ging die Zahl der verkauften Zigaretten stark zurück, was natürlich (2) ______________________, dass auch die Zahl der Raucher/-innen sank. Die Tatsache, dass heute weniger Menschen rauchen, (3) ______________________, dass die gesundheitlichen Schäden durch das Rauchen zurückgedrängt werden. (4) ______________________ sinkt auch die Zahl der typischen Erkrankungen wie Lungenkrebs, (5) ______________________ reduzieren sich die Kosten für das Gesundheitssystem.

2 Üben Sie die Grafikinterpretation mit der folgenden Grafik. Beachten Sie die Fragestellung dabei.

Grafik 2

Wie oft lesen Eltern ihren Kindern vor?

(Etwas ganz anderes: „Wie oft lesen Sie selbst Ihrem Sohn / Ihrer Tochter im Allgemeinen vor? Ist das …?“ „Und wie oft liest Ihre Partnerin / Ihr Partner Ihrem Sohn / Ihrer Tochter im Allgemeinen vor?)

n = 700 befragte Eltern / Angaben in Prozent

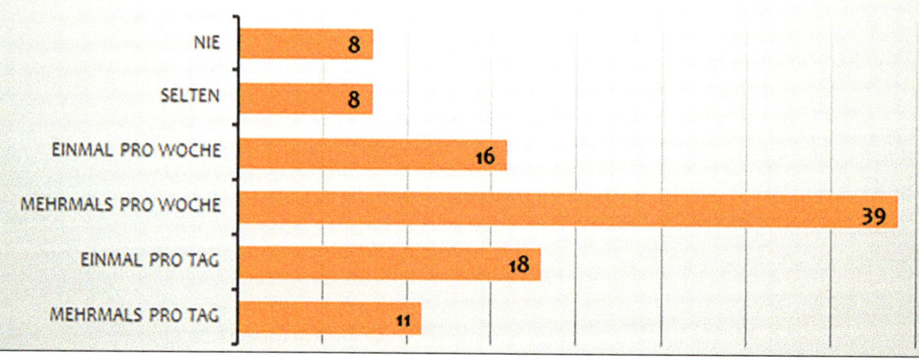

Quelle: Stiftung Lesen / Vorlesestudie 2019

a Machen Sie sich Notizen zu diesen Punkten:

1. Zusammenfassung der Daten: ______________________
2. Welche Folgen hat es für Kinder, wenn die Eltern ihnen oft / nicht oft vorlesen?

TIPP Wenn man sich zuerst Notizen macht, hat man die Planung und Gedankensammlung abgeschlossen und kann sich im zweiten Schritt ganz auf die Formulierung des Textes konzentrieren. Das erspart eine erste Textversion und viel Zeit.

b Ergänzen Sie den Lückentext zu dem Thema *Welche Folgen hat es für die Kinder, wenn Eltern ihnen häufig vorlesen?* Ergänzen Sie den ersten Teil mit Hilfe von Grafik 2 und nutzen Sie für den zweiten Teil den Schüttelkasten. Vergleichen Sie die genannten Folgen mit Ihren Notizen.

[darüber hinaus • so dass • denn • dass • infolgedessen • bewirkt • dazu • bedeutet • beeinflusst • führt • angeregt]

Ihren Kindern etwas vorzulesen ist für die meisten Eltern keine lästige, sondern eine sehr beliebte Tätigkeit. Es macht beiden Seiten Spaß und man weiß, dass es darüber hinaus die Entwicklung der Kinder fördert.

1. Wie ______________________________ hervorgeht, lesen nur ______ der Eltern ihren Kindern ______________ oder ______________ vor. Sehr viele Eltern tun es also regelmäßig: über ______________ mindestens ____________ oder ______________________ die Woche und _____ % sogar ____________ oder ______________________.

2. Das sind gute Nachrichten, ________ für die Kinder ____________ das Vorlesen an erster Stelle, dass die Eltern sich liebevoll mit ihnen beschäftigen, ______________ ihre emotionale Entwicklung positiv ______________ wird. Aber ______________________ das gemeinsame Lesen auch ______, ______ ihre Konzentrationsfähigkeit und ihre Phantasie ____________ werden. Vor allem ____________ es natürlich eine Erweiterung ihres Wortschatzes. ______________ können Kinder, denen regelmäßig vorgelesen wurde, meistens früher und besser sprechen und lernen auch das Lesen leichter.

3 Üben Sie an den folgenden beiden Grafiken eine Grafikinterpretation, die in eine größere Fragestellung eingebettet ist.

Grafik 3

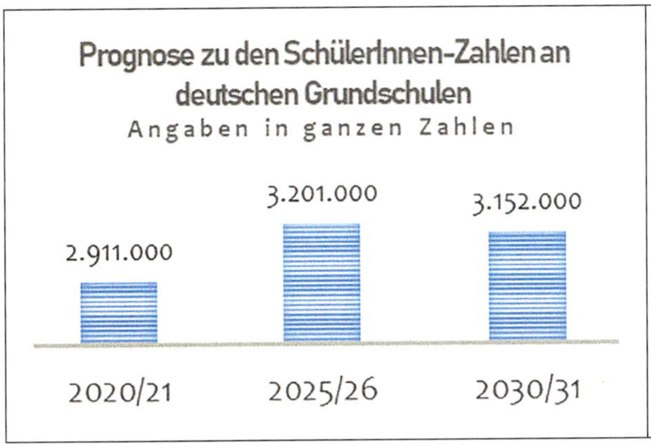

Grafik 4

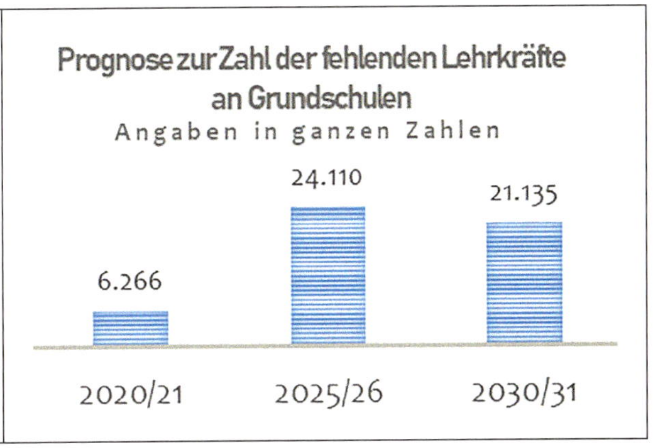

Quelle: Bertelsmann Stiftung, 2019

a Machen Sie sich Notizen zu beiden Grafiken.

1. wichtigste Werte / Zusammenfassung der Daten: ______________________________

____

2. Welche negativen Folgen haben die prognostizierten Zahlen vermutlich?

____

____

P b Die gesamte Aufgabe lautet: Schreiben Sie einen Text zu dem Thema *Lehrkräftemangel an Grundschulen – Brauchen wir bald Lehrkräfte ohne Ausbildung?* Bearbeiten Sie jetzt aber nur die Punkte 1 + 2.

1. Fassen Sie die Ergebnisse der beiden Prognosen zusammen.	2. Interpretieren Sie die Zahlen: Welche Folgen hat es für GrundschülerInnen, wenn starker Lehrkräftemangel herrscht?	3. Wie schätzen Sie im Vergleich dazu die Situation in Ihrem Land ein?	4. Äußern Sie Ihre Meinung zu dem Vorschlag, in dieser Notlage Lehrkräfte auch ohne pädagogische Ausbildung einzustellen?

Ergänzen Sie den Lückentext zu Punkt 1 und schreiben Sie dann selbständig einen kurzen Text zu Punkt 2. Verwenden Sie dabei aber die im Schüttelkasten vorgeschlagenen Folgen. Vergleichen Sie sie mit Ihren eigenen Notizen aus a und ergänzen Sie passende Erklärungen dazu.

Punkt 1:

Die Daten stammen ______________________________ und __________ jeweils für __________ bis __________ eine Prognose ______________________________ __________ und ______________________________.
Die SchülerInnen-Zahlen an Grundschulen werden in diesem Zeitraum ______________________________ ______________________________. Dadurch entsteht natürlich ein stark erhöhter Bedarf an Lehrkräften, und zwar braucht man schon innerhalb der nächsten __________, also bis 2025 / 26, ____________________ mehr. Es wird sehr schwer sein, so viel gut qualifiziertes Lehrpersonal in diesem relativ kurzen Zeitraum zu finden.

Punkt 2:

[viele Stunden fallen aus • sehr große Klassen bzw. Lerngruppen • zu wenig persönliche Zuwendung für die Kinder • schwache Kinder werden nicht gefördert • freie Stellen können nicht besetzt werden]

Das bedeutet, dass ______________________________
____

Lehrkräftemangel wirkt sich immer sehr negativ auf die schulischen Leistungen von Kindern aus. Besonders stark gilt das für jüngere Schülerinnen und Schüler sowie Schulanfänger, denn ______________________________
____
____
____
____

TIPP Grafikinterpretationen werden z. B. im ÖSD Zertifikat C1 und im Goethe-Zertifikat C1 verlangt. Dort wird der Textaufbau durch Fragen stark gesteuert, so dass Sie den Text nicht selbständig strukturieren müssen, so ähnlich wie in dieser Aufgabe hier. In diesen Prüfungen ist der Anteil der Grafikinterpretation am Gesamttext deutlich kürzer als hier gezeigt und trainiert.
Auch in der mündlichen Prüfung TestDaF gibt es eine Aufgabe zur Grafikinterpretation, bei der Sie mögliche Gründe und erwartete Folgen für eine dargestellte Entwicklung mündlich darstellen müssen.

P 4 **Die gesamte Aufgabe lautet:** ***Schreiben Sie einen Text zu dem Thema: E-Scooter – ein attraktives neues Fortbewegungsmittel oder eine Gefahr im Verkehr?***

Bearbeiten Sie nur die Punkte 1 + 2. Schreiben Sie den Text in Ihr Heft und vergleichen Sie Ihren Text mit dem Lösungsvorschlag.

1. Fassen Sie die Informationen zusammen.	2. Interpretieren und begründen Sie die Ergebnisse der Umfrage: Welche Vorteile hat ein E-Scooter und welche negativen Auswirkungen hat er eventuell?	3. Wie schätzen Sie im Vergleich dazu die Rolle von E-Scootern in Ihrem Heimatland ein?	4. Würden Sie selbst gerne einen E-Scooter nutzen? Äußern und begründen Sie Ihre Meinung.

Grafik 5

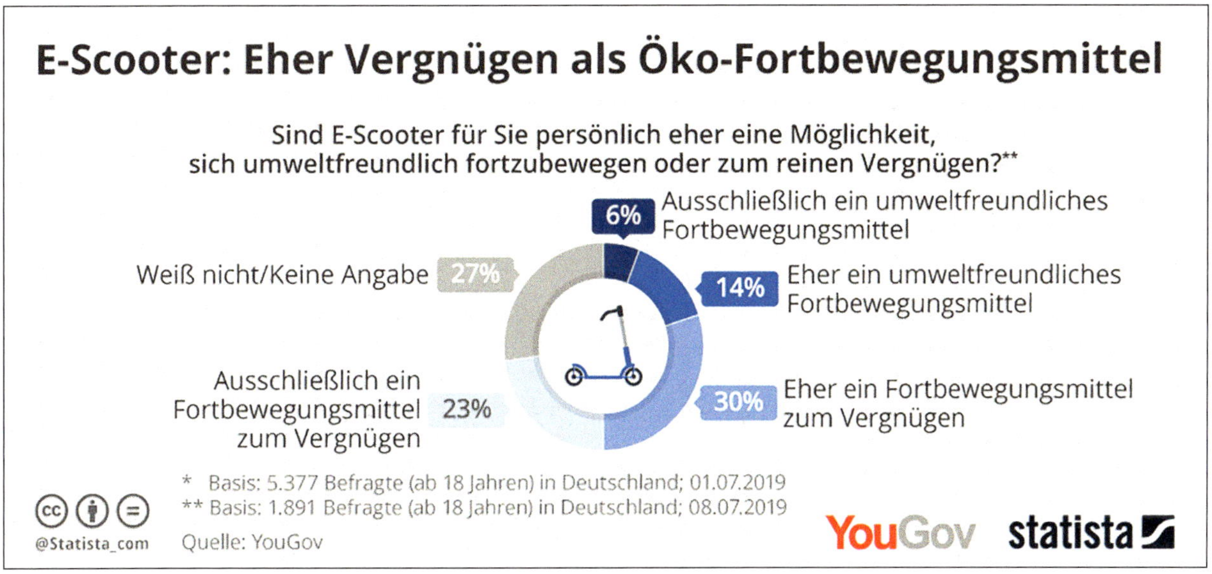

5 **Zusammenfassung: Worauf muss ich achten bei einer Grafikinterpretation? Ergänzen Sie die Checkliste, nutzen Sie dabei die Angaben aus dem Schüttelkasten.**

Ursachen • Fragestellung • erklären • nur zusammenfassen • ~~Thema, Parameter~~ • begründen • Quelle • Gründen • Folgen, Auswirkungen, Konsequenzen

Grafikinterpretation

- ✓ (1) *Thema, Parameter* (falls nötig) und (2) ______________ (falls angegeben) sollen kurz genannt werden.
- ✓ Daten nicht ausführlich beschreiben, sondern (3) ______________.
- ✓ Bei der Zusammenfassung darauf achten, ob es eine bestimmte (4) ______________ gibt, und sich daran orientieren.
- ✓ Auch bei der Interpretation auf die Aufgabe achten: Hier kann nach (5) ______________ bzw. (6) ______________ gefragt werden, aber auch nach (7) ______________.
- ✓ Jeden Punkt jeweils (8) ______________ und (9) ______________. Beispiele helfen dabei.

8 Wiederholung: Statistische Daten und Grafiken

1 Einen Text planen

a Ergänzen Sie die Checkliste mit Hilfe der Begriffe im Schüttelkasten.

[Parameter + Quelle • Elemente, die gebraucht werden • wichtige, auffallende Werte • kurze Notizen • Thema der Grafik • den Textaufbau • Fazit, kurze Zusammenfassung]

Checkliste: Textplanung

✓ 1. Grafik(en) genau anschauen und ______________________________ markieren

✓ 2. ________________ machen zu folgenden Stichpunkten:

– ______________________________

– ______________________________

– ______________________________

– ______________________________

→ **Dadurch spart man sich eine erste Textversion.**

✓ 3. Den Text direkt aus den Stichpunkten entwickeln und dabei ______________ beachten.

b Folgen Sie den Schritten der Checkliste: Schauen Sie die Grafik genau an und machen Sie die notwendigen Notizen.

Grafik 1

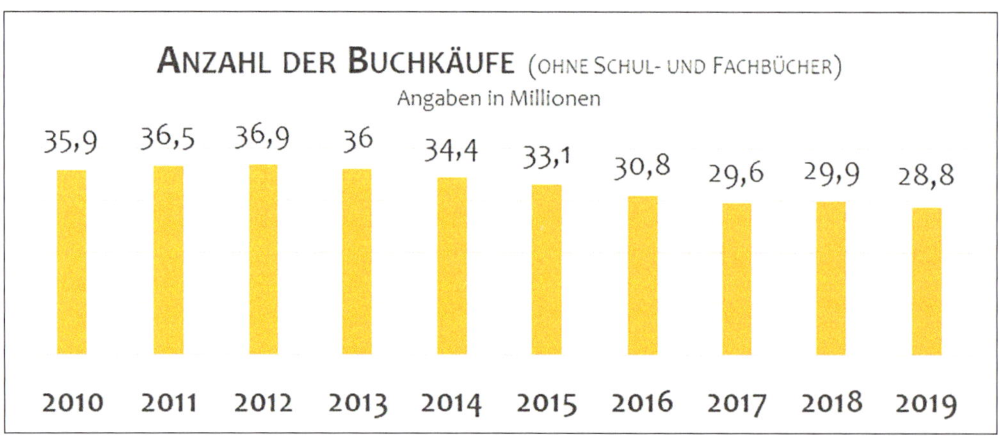

Quelle: GfK Consumer Panel Media*Scope Buch, 2020

• ____

____

• ____

____

• ____

____

• ____

____

2 Beschreibung und Zusammenfassung

a Beschreiben Sie die Daten der Grafik und nennen Sie auch Thema, Quelle und Parameter (1). Fassen Sie anschließend die Daten zusammen (2) und nutzen Sie die Vorgaben dabei.

Grafik 2

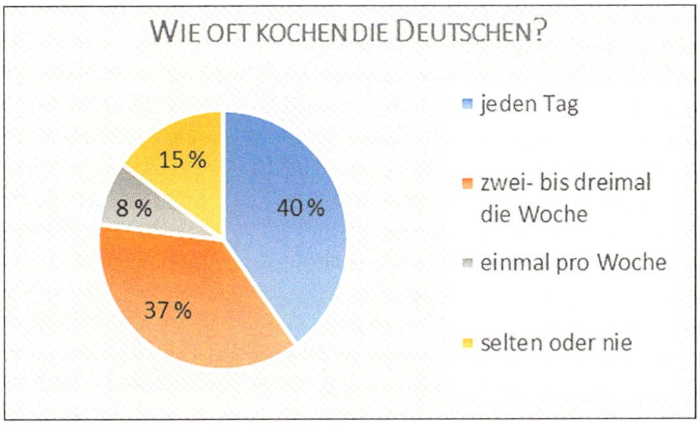

Quelle: BMEL / Ernährungsreport 2019

1. Das vorliegende ______________________

____

zeigt ______________________

____

____

____

____

[hervorgehen • gut drei Viertel]

2. ______________________

____

____

b Beschreiben und vergleichen Sie die Daten der Grafik mit Hilfe der Vorgaben aus dem Schüttelkasten (1). Fassen Sie sie anschließend zusammen (2).

[im Unterschied zu • etwa halb so viele • während • dagegen]

Grafik 3

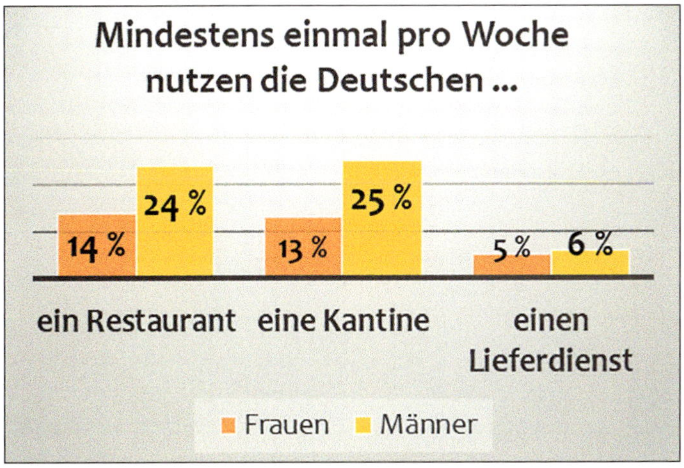

Quelle: BMEL / Ernährungsreport 2019

1. Die Daten aus dem Ernährungsreport 2019 stellen ______________________

____

____

____

____

____

____

____

2. ______________________

____

____

3 Ein Fazit ziehen

a Fassen Sie die Daten dieser Grafik zusammen und ziehen Sie ein Fazit.

Grafik 4

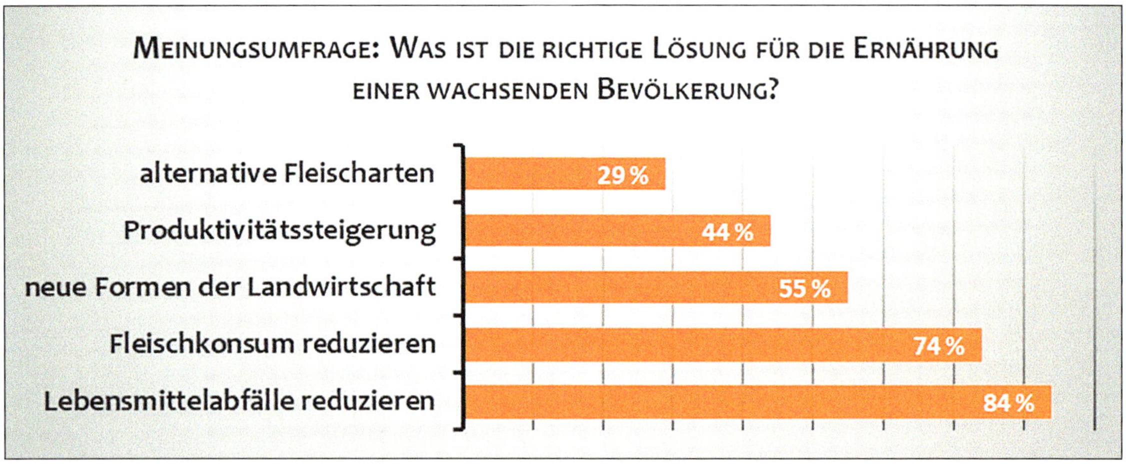

Quelle: BMEL / Ernährungsreport 2019

Im Ernährungsreport 2019 ergab die Umfrage zur ______________________________ ______________________________, dass über _____ % der Befragten die ______________ von ______________________ und fast drei ____________ von ihnen die ____________________ des ______________________ als Lösung sehen. Weitere Vorschläge z. B. zur ______________________ oder zu ____ werden sehr viel seltener genannt.

Das bedeutet, dass die meisten Menschen eine Lösung des Ernährungsproblems in erster Linie ____________
____
____
____

b Fassen Sie die Grafikdaten zusammen und ziehen Sie ein Fazit. Gehen Sie dabei auch kurz auf die Ursachen der dargestellten Entwicklung ein (siehe Vorgaben). Schreiben Sie ins Heft.

Grafik 5

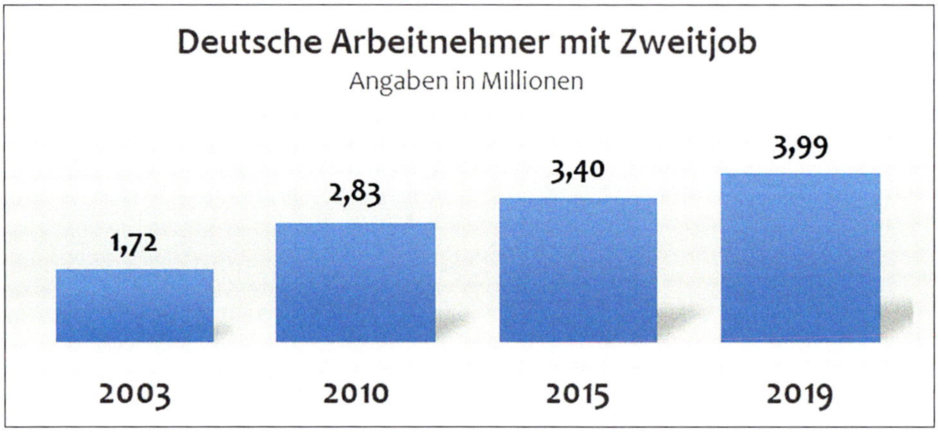

Quelle: IAB-Arbeitszeitrechnung, Stand September 2020

Welche Ursachen für diese Entwicklung halten Sie für möglich?
- Langeweile im Beruf und Suche nach Abwechslung
- niedrige Löhne in vielen Jobs, so dass das Einkommen nicht für den Lebensunterhalt reicht
- unfreiwillige Teilzeitjobs

4 Eine Entwicklung beschreiben

a Beschreiben Sie die Entwicklung, die in der Grafik dargestellt wird.

Grafik 6

Quelle: GfK Consumer Panel Media*Scope Buch, 2020

[sich verzehnfachen • nur noch leicht • fast auf das Achtfache • Anteil am gesamten Umsatz]

Die Grafik vom ______________________________

____

____

____

____

____

____

P b Bearbeiten Sie die Grafik nach der folgenden Aufgabenstellung. Schreiben Sie den Text in Ihr Heft.

Beschreiben und vergleichen Sie
- wie sich die Zahl der ins Deutsche übersetzten Bücher entwickelt hat.
- aus welchen Sprachen am häufigsten übersetzt wird.

Grafik 7

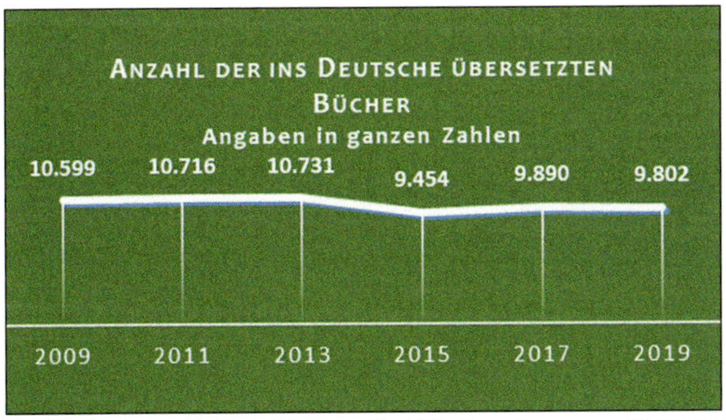

Tabelle 1

DIE FÜNF HÄUFIGSTEN HERKUNFTSSPRACHEN DER ÜBERSETZUNGEN 2019

Angaben in ganzen Zahlen

Englisch	6.013
Französisch	1.047
Japanisch	1.017
Italienisch	243
Norwegisch	207

Quelle: Deutsche Nationalbibliografie, VLB, Berechnungen: Börsenverein des Deutschen Buchhandels, aus: Buch und Buchhandel in Zahlen 2020

TIPP Auch wenn es nicht ausdrücklich in der Aufgabenstellung steht, wird in der schriftlichen Aufgabe der TestDaF-Prüfung immer erwartet, dass Sie auch eine kurze Einleitung schreiben und Thema, Parameter und Quelle nennen.

5 Eine Grafik interpretieren

a Fassen Sie die Informationen der Grafik zusammen. Gehen Sie auf die vermutlichen Ursachen der dargestellten Fakten ein. Ergänzen Sie dazu die Lücken und verwenden Sie die Vorgaben.

Grafik 8

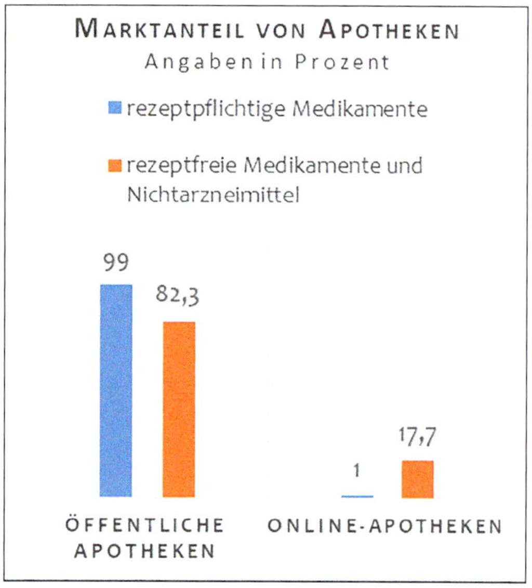

Quelle: ABDA – Bundesvereinigung Deutscher Apothekerverbände e. V., 2019

Die Daten der ABDA – Bundesvereinigung Deutscher Apothekerverbände e. V. 2019 zeigen deutlich, dass ______________

____

____

____

____

Vermutlich vertrauen Patienten, wenn sie wirklich krank sind,

____

____

____

____

____

Mögliche Ursachen:

- bei Krankheiten mehr Vertrauen in staatlich kontrollierte öffentliche Apotheken
- beim Kauf von rezeptfreien Medikamenten und Produkten wie z. B. Kosmetika o. Ä. : attraktive, günstige Preise der Online-Apotheken

P b Bearbeiten Sie die Grafik nach der Aufgabenstellung. Schreiben Sie den Text in Ihr Heft.

Gehen Sie auf folgende Punkte ein:

- Stellen Sie kurz die für Sie wichtigsten Ergebnisse der Grafik dar.
- Welche Gründe könnte es für die Skepsis der Deutschen gegenüber digitalen medizinischen Serviceleistungen geben?

Grafik 9

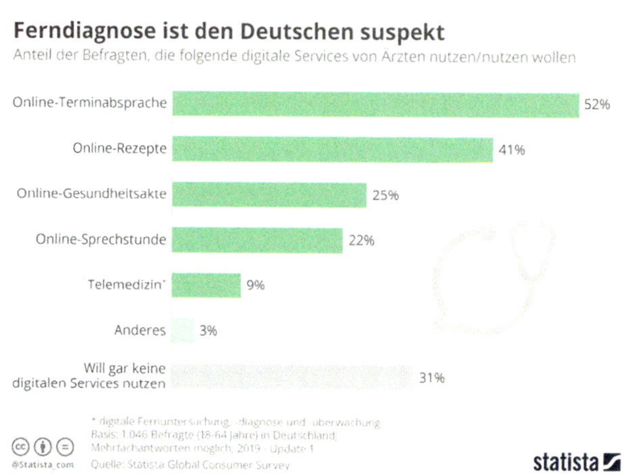

9 Begriffe definieren und die Textquelle nennen

1 Lesen Sie den folgenden Text und markieren Sie alle Formulierungen, die eine Definition beinhalten. Ergänzen Sie damit den Redemittelkasten unten.

Was ist Armut?

Was ist eigentlich Armut und wie definiert man sie?

Laut der Aktion „Deutschland hilft" spricht man von Armut, wenn man von wichtigen Dingen nicht genug hat oder sogar ganz darauf verzichten muss. Wer arm ist, der hat z. B. zu wenig Geld, um sich Essen oder ein Zuhause leisten zu können.

Dem Deutschen Institut für Wirtschaftsforschung zufolge lässt sich Armut als einen Mangel an finanziellen Mitteln oder lebenswichtigen Gütern beschreiben, unter dem einzelne Personen oder Personengruppen leiden.

Es finden sich zahlreiche ähnliche Definitionen zu dem Begriff. Aus den zahlreichen Untersuchungen zum Thema *Armut* geht hervor, dass es sich um ein vielschichtiges Problem handelt und man zwischen mindestens zwei verschiedenen Arten von Armut unterscheiden muss:

1. Absolute Armut
Absolute, physische oder extreme Armut liegt vor, wenn Menschen über ein Einkommen unterhalb des Existenzminimums verfügen. Das bedeutet, dass sie ihre Grundbedürfnisse wie Nahrung, Kleidung und Obdach nicht befriedigen können. Die Armutsschwelle liegt nach Angaben der Weltbank bei 1,90 Dollar pro Tag.

2. Relative Armut
Wenn Menschen über so geringe Mittel verfügen, dass sie von der Lebensweise ausgeschlossen sind, die in ihrem Land als Minimum angesehen wird, so bezeichnet man das als relative Armut. Sie ist also abhängig vom jeweiligen Lebensstandard und man berechnet sie nach dem mittleren Nettoeinkommen aller Haushalte, dem sogenannten Medianeinkommen. Als relativ arm gilt damit derjenige, dessen Einkommen weniger als die Hälfte des Medianeinkommens beträgt.

- von … spricht (1) ____________, ____________
- … bedeutet, dass …
- unter … (2) ____________________ man …
- wer … ist, der …
- … lässt sich (3) ____________________
- … lässt sich definieren / wird definiert als …
- man muss / kann (4) ____________________ … / … von … ____________________
- … liegt (5) ____________, ____________ …
- man (6) ____________________ … als …, wenn …
- als … gilt …

TIPP Verwenden Sie die Redemittel flexibel und passend zum Kontext. Achten Sie darauf, eigenständig zu formulieren. Dazu können Sie auch weitere Varianten und Synonyme nutzen. Es gibt sehr viele sprachliche Möglichkeiten, um etwas zu definieren.

2 Definieren Sie die Begriffe: Verwenden Sie dazu die angegebenen Verben und die Vorgaben aus dem Schüttelkasten.

eine Sprache wird unbewusst und in natürlicher Umgebung, z. B. durch soziale Kontakte, erlernt und nicht auf bewusste, gesteuerte Art wie z. B. in der Schule • eine Gruppe von Menschen ist nur unvollständig in die Gesellschaft integriert • das mittlere Nettoeinkommen aller Haushalte eines Landes • man betrachtet etwas genau und detailliert und beurteilt es nicht pauschal • eine Infektionskrankheit breitet sich weltweit aus • eine kürzlich gegründete Firma mit einer innovativen Geschäftsidee

1. Start-up / man versteht: ____________________

____

2. differenzierte Sichtweise / bedeuten: ____________________

____

3. Randgruppe / bezeichnen: ____________________

____

4. das Medianeinkommen / wird definiert: ____________________

____

5. eine Pandemie / vorliegen: ____________________

____

6. Spracherwerb / man spricht: ____________________

____

3 Definieren Sie den Begriff „Weltkulturerbe", indem Sie den Lückentext ergänzen. Nutzen Sie dazu die Informationen aus dem Text unten.

Der Titel „UNESCO-Weltkulturerbe" wird seit dem Jahr 1978 an einzigartige Stätten – Gebäude, Gebäudeensembles, Denkmäler – verliehen, die einen außergewöhnlichen, universellen Wert darstellen. Weitere Kriterien bei der Auswahl sind Authentizität, also historische Echtheit, und Integrität, also Unversehrtheit, d. h. sie dürfen nicht zu stark zerstört sein. Die Länder, in denen sie sich befinden, müssen diese Stätten zunächst offiziell für den Titel vorschlagen, bevor über eine Aufnahme in die Weltkulturerbeliste entschieden werden kann. Einige berühmte Beispiele sind die Chinesische Mauer, das Taj Mahal, der Eiffelturm, der Kölner Dom und die Pyramiden von Gizeh. Neben Kulturerbestätten werden auch Naturerbestätten nach ähnlichen Gesichtspunkten ausgewählt.

Unter UNESCO-Weltkulturerbe ____________________, die ____________________ haben. Die Voraussetzungen, auf die Weltkulturerbeliste gewählt zu werden, liegen __________, wenn ____________________ ____________________. Von den Kulturerbestätten muss man die ____________________.

4 Textquelle nennen

a Lesen Sie noch einmal den Text *Was ist Armut?* und markieren Sie diesmal die Formulierungen zu Textquellen. Ergänzen Sie die fehlenden Begriffe in der folgenden Übersicht.

• (1) ____________ + Dativ ~ der … Zeitung / Prof. Müller ~ der zuständigen Polizeidienststelle (oft Personen, Institutionen oder deren Sprecher)	Synonyme: - nach den Angaben von … - nach den Informationen von …
• Dativ + (2) ____________ den Daten / den Angaben von … ~ dem Regierungssprecher / dem Gesetz ~	Synonyme: - entsprechend (+ Dat.) - laut (+ Dat.)
(3) ____________ aus + Dativ ~ aus den Daten / der Grafik ~ aus der Studie der Universität … / dem Text	Synonyme: - sich den Daten / dem Text / der Grafik entnehmen lassen
• **gemäß** + Dativ / Dativ + **gemäß** ~ den Vorschriften / den Regeln / dem Gesetz den Vorschriften / den Regeln ~	Synonyme: - wie … es vorschreibt / vorschreiben
• **entsprechend** + Dativ / Dativ + **entsprechend** ~ den Vorgaben / den Regeln / dem Gesetz den Vorgaben / den Regeln / dem Gesetz ~	Synonyme: - gemäß (+ Dat.) - (Dat. +) zufolge

b Verwenden Sie die Begriffe aus der Übersicht oben, um die Vorgaben als Quelle zu nennen.

1. *laut den neuesten Zahlen der UNDP*
   die neuesten Zahlen der UNDP
2. ____________
   das Einwanderungsgesetz der BRD
3. ____________
   der Sprecher der Bundeskanzlerin
4. ____________
   die Grafik zur Arbeitslosigkeit
5. ____________
   die Studie zur Diskriminierung am Arbeitsplatz
6. ____________
   der Artikel aus der Süddeutschen Zeitung vom 12.5.2018
7. ____________
   der Leiter des Robert-Koch-Instituts
8. ____________
   die aktuellen Daten zur Arbeitslosigkeit
9. ____________
   die Beschlüsse der Landesregierung zu den Ladenöffnungszeiten
10. ____________
    die Studie der Bertelsmann Stiftung zum digitalen Unterricht

5 Geben Sie jeweils die Hauptaussage des Textes wieder und nennen Sie die Quelle dazu. Verwenden Sie dazu die unterstrichenen Textelemente und unterstreichen Sie in den Texten 3 + 4 zuerst selbst.

1.

Die Coronavirus-Pandemie sorgt für den größten wirtschaftlichen Niedergang seit 100 Jahren. Man rechnet mit einem weltweiten Einbruch der Wirtschaftsleistung um etwa drei Prozent im Vergleich zum Vorjahr. Die Krise werde vor allem Industrienationen treffen, darunter auch Deutschland. Für die Bundesrepublik erwartet man ein Minus von etwa sieben Prozent bei der Wirtschaftsleistung und einen Anstieg der Arbeitslosenquote auf etwa 3,9 Prozent.

Quelle: Internationaler Währungsfonds (IWF)

2.

Dass Tiere einen sechsten Sinn für Naturkatastrophen haben, ist eine alte Überzeugung des Menschen: Elefanten, die es landeinwärts zieht, bevor ein Tsunami die Küste verwüstet; Vögel, die sich vor einem Erdbeben auffällig verhalten, und viele weitere Geschichten. Jetzt haben Erdbebenforscher mehr als 700 Berichte ausgewertet, in denen ungewöhnliches Verhalten von mehr als 130 Tierarten mit einem anschließenden Erdbeben in Verbindung gebracht wird. Ihre Untersuchungen kommen zu keinem klaren Ergebnis. Es gibt demnach keinen Beweis dafür, dass Tiere eine Art sechsten Sinn für Erdbeben haben.

Quelle: Studie des GeoForschungsZentrums Potsdam zum Verhalten von Tieren bei Erdbeben

3.

Jeder hat das Recht, seine Meinung in Wort, Schrift und Bild frei zu äußern und zu verbreiten und sich aus allgemein zugänglichen Quellen ungehindert zu unterrichten. Die Pressefreiheit und die Freiheit der Berichterstattung durch Rundfunk und Film werden gewährleistet. Eine Zensur findet nicht statt.

Quelle: Grundgesetz für die Bundesrepublik Deutschland, Grundrechte, Artikel 5

4.

Schwedische Wissenschaftler haben bei Menschen, die im Chor singen, die Herzfrequenz gemessen und festgestellt, dass sie sich beim Singen angleicht. So entsteht ein ähnlicher Effekt wie bei Atemübungen: Der Puls der Sänger schlägt synchron. Das ist gut für das ganze Herz-Kreislauf-System. Außerdem produziert das Gehirn beim Singen erhöhte Mengen von stimmungsaufhellenden Hormonen und baut Stresshormone ab. Singen ist also gesund für Körper und Seele.

Quelle: Studie der Universität Göteborg

6 Einen Begriff definieren und dazu die Textquelle nennen

a Lesen Sie den folgenden Text und definieren Sie anschließend den Begriff „Prekariat", indem Sie den Lückentext ergänzen. Verwenden Sie dazu die unterstrichenen Informationen.

Der Begriff „Prekariat"

Der Begriff „Prekariat" ist in den vergangenen Jahren zunehmend populär geworden und bezeichnet Menschen, die ein Leben in einer gesellschaftlichen Zwischenzone führen. Sie gehören nicht zu denjenigen, die arbeitslos und damit völlig abgehängt, also aus der Gesellschaft weitgehend ausgeschlossen sind, aber sie gehören auch nicht zur Mehrheit der Gesellschaft mit sicherem Arbeitsplatz und weitgehend sorgenfreiem Lebensstandard. Vielmehr haben sie weder einen festen Job noch stabile Lebensumstände. Zwar haben sie durchaus Arbeit, müssen aber oft darum bangen, dass sie sie auch behalten. Leiharbeit, befristete Jobs und Solo-Selbständigkeit führen oft in diese Art von prekärer Existenz. Das Ergebnis der Studie zeigt, dass dies 2018 auf etwa vier Millionen Menschen in Deutschland zutraf, das sind mehr als 12 Prozent aller Erwerbstätigen.

Quelle: Forscherteam vom Wissenschaftszentrum Berlin und der Universität Erlangen-Nürnberg

Einem Forscherteam ____
________________________________ man unter „Prekariat" eine gesellschaftliche Gruppe,
die ____
____. Sie arbeiten häufig als
________________ und ________________, als ________________
oder haben ________________. Wie ________ der Studie ________________, waren in
____ davon betroffen.

b Lesen Sie den folgenden Text. Unterstreichen Sie die Hauptinformationen und definieren Sie dann den Begriff „Ökotourismus". Schreiben Sie den Text in Ihr Heft und vergleichen Sie ihn mit dem Lösungsvorschlag.

Ökotourismus

Durch Ökotourismus oder auch „sanften Tourismus" will man erreichen, dass die negativen Auswirkungen von Reisen auf Mensch und Umwelt möglichst gering bleiben.
Dafür will man die Zahl der Gäste senken und die einheimische Wirtschaft stärker fördern: Gastwirte und Hoteliers sollen z. B. regionale Produkte kaufen und einheimisches, gut ausgebildetes Personal statt billiger Saisonkräfte beschäftigen. So bemüht man sich beispielsweise inzwischen in den Alpen um umweltverträglichere Formen von Tourismus, nachdem man festgestellt hat, welche langfristigen Schäden unter anderem der Skitourismus in der Natur und auch in der Gesellschaft hinterlässt. Auch für Tourismusregionen in wirtschaftlich schwachen Ländern sind Projekte, die diese Form von nachhaltigem Reisen fördern, gefragt. Sie bieten die Möglichkeit, natürliche Ressourcen und die Umwelt zu schützen und gleichzeitig ein Einkommen für die Bevölkerung zu schaffen, um ihre Lebensqualität zu steigern.
Ökotourismus, so wie er z. B. von der International Ecotourism Society verstanden wird, hat also auch eine starke soziale Komponente. Die Society spricht von „verantwortungsvollem Reisen in Naturgebiete, das die Umwelt schützt und den Wohlstand der Einheimischen mehrt".

Quelle: International Ecotourism Society

TIPP Die Quellenangabe wird in Prüfungen zwar meistens nicht ausdrücklich verlangt, aber sie wird doch gerne gesehen. Auch wenn Sie einen Text zusammenfassen müssen, kann es sinnvoll sein, wichtige Aussagen daraus mit der Quellenangabe zu versehen.

10 Texte gliedern und zusammenfassen

1 Hauptaussagen identifizieren und zusammenfassen

a Welche Textelemente gehören zu einer Hauptaussage? Bitte kreuzen Sie sie an.

◯ 1. Beispiele
◯ 2. genaue Informationen zum angekündigten Thema, z. B. Zahlenangaben, Ortsangaben u. Ä.
◯ 3. wörtliche Zitate
◯ 4. Definitionen von Begriffen
◯ 5. Quellen der Informationen
◯ 6. ausführliche Begründungen oder Beschreibungen
◯ 7. thematische oder historische Einordnung des Themas

b Lesen Sie den Text und markieren Sie die Hauptaussagen wie im ersten Textabschnitt gezeigt.

Die heutige Westantarktis war einst ein grünes Paradies

Ein internationales Forschungsteam von Geologen veröffentlichte kürzlich im Fachjournal *Nature* die erstaunlichen Ergebnisse, die es bei Forschungsarbeiten in der Westantarktis mehr oder weniger zufällig gewonnen hatte. Sie führten zu der Annahme, dass in der Region um den Südpol zum Ende des Mesozoikums, also in der Kreidezeit, ein dichter und artenreicher Regenwald wuchs.

Die Forscher wollten eigentlich die Bodenbeschaffenheit des Amundsensees in der westlichen Antarktis untersuchen und waren bei einem Bohrkern vom Grund des Sees darauf aufmerksam geworden, dass die Erdschicht, die sie aus ca. 30 Metern Tiefe geholt hatten, eine ungewöhnliche Farbe aufwies. Weil sie sofort vermuteten, dass diese Erdschicht nicht im Meer, sondern an Land entstanden war, untersuchten sie das Sediment aus Schlamm und Lehm gründlich mit Hilfe eines Computertomografen. Dabei fanden sie ein dichtes Netzwerk aus Wurzeln, das durch die kalten Temperaturen hervorragend erhalten war. Selbst einzelne Zellstrukturen waren zu erkennen sowie Pollen und Sporen, die auf Farne, Moose und weitere typische Pflanzen aus Regenwäldern schließen ließen.

Um herauszufinden, wie es möglich war, dass in einer Region, die heute nur noch für wenige Lebewesen bewohnbar ist, ein vielfältiges Ökosystem entstehen konnte, führten die Forscher weitreichende Untersuchungen durch, die ihnen Rückschlüsse auf die Durchschnittstemperaturen und die Niederschlagsmengen geben sollten. Daraus ergab sich ein ganz ungewöhnliches Bild der damals dort herrschenden Umweltbedingungen. Die jährliche Durchschnittstemperatur lag demnach mit etwa zwölf Grad Celsius sogar um zwei Grad höher als heute in Deutschland. Erstaunlich war auch die Niederschlagsmenge. Den Untersuchungen zufolge entsprach sie der heutigen in Wales, das heißt, es regnete in der Kreidezeit häufig und ergiebig in der Westantarktis.

Auch wenn man schon lange weiß, dass es in der Kreidezeit weltweit sehr viel wärmer war als heute, waren diese Ergebnisse für die Geologen doch sehr überraschend.

TIPP Um Hauptaussagen zu identifizieren, kann man sich an diesen Fragen orientieren:
Was ist passiert? Wo? Wann? Wer hat es gemacht / untersucht? Mit welchem Ergebnis?
In manchen Textpassagen finden sich dann mehr, in anderen weniger Hauptaussagen.

c Lesen Sie die beiden Texte und entscheiden Sie, welcher von beiden die erste Hauptaussage des Textes aus 1b besser wiedergibt.

1. Wie ist das Ergebnis der Untersuchungen?

A In der Westantarktis gab es in der Kreidezeit einen artenreichen Regenwald. In dieser Region, die heute nur noch für wenige Lebewesen bewohnbar ist, regnete es damals viel und die Durchschnittstemperatur lag bei ca. 12 Grad Celsius.

B Die Untersuchungen eines internationalen Forschungsteams an einem Bohrkern aus der Amundsensee haben ergeben, dass es in der Kreidezeit ein vielfältiges Ökosystem in der Antarktis gegeben hat. Dort wuchs damals ein artenreicher Regenwald, weil die Durchschnittstemperatur viel höher war, nämlich etwa 2 Grad Celsius höher als in Deutschland heute, und weil es viel regnete.

d Formulieren Sie nun aus Ihren markierten Textelementen die beiden anderen Hauptaussagen. Orientieren Sie sich dazu an den Fragen.

2. Wer hat das untersucht / herausgefunden?

___

3. Was haben sie untersucht? Warum?

___

___

___

TIPP Solche kurzen Zusammenfassungen finden Sie häufig vor Zeitungstexten als sogenannten *Lead* oder *Vorspann*. Er soll die wichtigsten Informationen des Textes in knapper Form präsentieren. Hier finden Sie viele Anregungen und Beispiele zum Üben.

e Üben Sie diese Schritte: Unterstreichen Sie in dem folgenden Text die Hauptaussagen und formulieren Sie dann den Vorspann in zwei Punkten, indem Sie den Lückentext ergänzen.

Freundschaft unter Flamingos

Fünf Jahre lang haben britische Ornithologen mehrere Flamingo-Gruppen in einem Naturschutzgebiet in England beobachtet. Dabei stellten sie fest, dass sich innerhalb der großen Gemeinschaften kleine Gruppen aus jeweils drei oder vier Tieren bildeten. In der Fachzeitschrift *Behavioural Processes* beschreiben die Forscher, dass die Tiere viel Zeit miteinander in diesen Kleingruppen verbrachten, die offensichtlich unabhängig vom Geschlecht entstanden. Es gab nämlich gemischte Gruppen, aber auch solche, die nur aus Weibchen oder nur Männchen bestanden. Deshalb vermuten die Wissenschaftler, dass die kleinen Gruppen nicht der Fortpflanzung dienen, sondern dass es um gegenseitige Unterstützung geht, z. B. bei der Futtersuche oder beim Schutz vor Raubtieren.

- Britische Ornithologen haben bei der Beobachtung von Flamingos festgestellt, dass ___

  ___
- Sie vermuten, dass ___

  ___, denn

  ___.

2 Einen Text gliedern

a Ein gut geschriebener und verständlicher Text hat eine klare Struktur: Er besteht aus verschiedenen Textteilen, die aufeinander aufbauen. Versuchen Sie, diesen Aufbau im folgenden Text nachzuvollziehen. Identifizieren Sie die Textteile und nummerieren Sie sie in der Spalte neben dem Text (siehe Beispiel).

Das Glück des Gehens

Das ist der Titel eines neu erschienenen Buchs des Neurowissenschaftlers Shane O´Mara. Darin befasst er sich mit den heilsamen Kräften des Spazierengehens, des Flanierens. Er preist die Vorzüge dieser Art des „Herumlaufens", die seiner Meinung nach sowohl den Körper als auch die Psyche betreffen, und fordert, dass man mindestens vier bis fünf Mal die Woche etwa 30 Minuten lang zügig gehen solle. 1.

Seiner Ansicht nach verbessert regelmäßiges Gehen die Gehirnaktivität spürbar, denn die Blutzirkulation im Hirn wird verstärkt. Wer viel gehe, sei besser gelaunt, und man vermutet, dass Menschen, die regelmäßig gehen, seltener an Depressionen leiden. Es beeinflusse auch die Alterung des Gehirns günstig und verbessere bei Senioren das Hören, das Sehen und die Reaktionszeit nachweislich. Diese Vorzüge gelten natürlich für jede Sportart, aber gehen können wir überall und brauchen nicht einmal eine besondere Ausrüstung dafür.

Für O´Mara liegt allerdings der größte Gewinn dieser Bewegungsform darin, dass wir beim Gehen kreativer werden und Zusammenhänge leichter erfassen können. Er nennt Beispiele berühmter Geistesgrößen, wie z. B. Jean-Jacques Rousseau, der behauptete, nur im Gehen denken zu können, oder Steve Jobs, der „walking meetings" abhielt, und nicht zuletzt Immanuel Kant, der täglich um 15 Uhr seinen Spaziergang machte und danach immer schrieb. Das Gehen funktioniere am besten an der frischen Luft, weil das den Spiegel des Stresshormons Cortisol am stärksten senke. O´Mara beschreibt einen Versuch, der zeigte, dass die Testpersonen, die vorher spazieren gegangen waren, wesentlich mehr Ideen hatten als die der Vergleichsgruppe. Beim Gehen würden die Gedanken sich einfach freier entfalten. Zu zweit zu gehen sei darüber hinaus eine soziale Übung, denn die beiden Spaziergänger würden automatisch in einen Gleichschritt fallen, ihre Atmung und die Herzfrequenz würde sich angleichen. Dadurch entsteht ein besonderes Gefühl der Verbundenheit.

Allerdings würden wir heute viel zu wenig laufen, kritisiert O´Mara. Gerade in den Städten würde sich das Leben weitgehend in Innenräumen abspielen, nämlich in Gebäuden und Autos. Deshalb fordert er insgesamt mehr Fußgängerfreundlichkeit von Politikern und Stadtplanern, auch mehr Grünflächen und schöne Fußwege, damit die Menschen tatsächlich aus ihren vier Wänden herauskämen und gerne spazieren gingen.

b Markieren Sie jetzt zu jedem Punkt die Hauptaussagen und formulieren Sie dann jeweils einen kurzen Titel, der sie zusammenfasst, wie in Beispiel 1 gezeigt.

1. *Vorstellung des neuen Buchs von Shane O´Mara, Das Glück des Gehens*
2. ______
… ______
… ______
… ______
… ______

c Üben Sie diese Arbeitsschritte noch einmal am folgenden Text: Markieren Sie die Textteile und die Hauptaussagen und formulieren Sie jeweils einen Titel.

Was meinen Eltern zum Thema „Homeschooling"?

Als während der Corona-Epidemie im Frühjahr 2020 die Schulen in Deutschland geschlossen wurden, waren die meisten Eltern erstmals mit der Situation konfrontiert, ihre Kinder beim Online-Unterricht unterstützen und begleiten zu müssen. Um herauszufinden, welche Probleme bei dieser Art des Homeschooling auftraten, führte die Vodafone-Stiftung eine Umfrage durch, an der 1.067 Eltern teilnahmen. Sie veröffentlichte die Ergebnisse noch im April 2020.

Daraus geht hervor, dass überhaupt nur 7 % der Kinder regelmäßig am täglichen digitalen Unterricht, der von ihren Schulen angeboten wurde, teilnahmen. 63 % der bildungsfernen Eltern befürchteten, dass ihre Kinder in dieser Zeit des Homeschooling den Anschluss verlieren würden. Bei Eltern mit hohem Bildungsabschluss teilten immer noch 45 % diese Befürchtung. Fast die Hälfte der bildungsfernen Eltern gab an, nicht die nötigen Kenntnisse zu haben, um ihre Kinder beim Online-Lernen zu unterstützen, während das nur 22 % der bildungsnahen Eltern äußerten.

Alle Eltern aber stellten fest, dass ihre Kinder den Kontakt mit Freunden, Klassenkameraden und Lehrkräften vermissten.

Insgesamt fühlten sich die Eltern bei der Lernbetreuung ihrer Kinder stark unter Druck. Sie sahen sich bei der Bearbeitung der Unterrichtsmaterialien weitgehend auf sich selbst gestellt und vor allem die Eltern aus bildungsfernen Haushalten fühlten sich komplett überfordert und machten sich deshalb große Sorgen um die schulische Zukunft ihrer Kinder.

Einhelligkeit bestand auch in dem Wunsch der Eltern nach einer besseren Organisation und mehr Unterstützung durch Schulen und Lehrkräfte. Es fehlten ihrer Meinung nach Beratungsangebote für Eltern und ein verbindlicher und verständlicher Lernplan.

1. ______________________________
2. ______________________________
3. ______________________________
4. ______________________________

TIPP Wenn Sie häufiger einen Text gegliedert haben, werden Sie feststellen, dass es eine „Grundstruktur" gibt: 1. Einleitung, 2. Fakten zum Thema (Ursachen, Folgen / Konsequenzen u. Ä. – häufig unterteilt in mehrere Abschnitte), 3. Fazit bzw. abschließende Forderungen / Wünsche / Vorschläge. Oft helfen auch die sichtbaren Abschnitte im Text bei der Gliederung.

d Wozu brauche ich das? Ergänzen Sie diese kurze Zusammenfassung mit Hilfe der Vorgaben.

[wichtige einzelne Aussagen • dass man den Aufbau des Textes verstanden hat • die Struktur des Textes, also seinen Aufbau • die wichtigsten Inhaltspunkte herauszuarbeiten]

1. Bei einer Gliederung geht es darum, ______________________ sichtbar zu machen, und nicht darum, ______________________ zu markieren.
2. Die Identifizierung von Hauptaussagen setzt voraus, ______________________ ______________________ und dient dazu, ______________________.

3 Einen Text zusammenfassen

a Bevor Sie einen Text zusammenfassen, sollten Sie ihn gliedern und die Hauptinformationen markieren bzw. herausschreiben, so wie Sie es in diesem Kapitel gerade gelernt haben. Ergänzen Sie die fehlenden Hauptaussagen zu diesem Text.

Unser Zeitempfinden

Die Zeit vergeht wie im Fluge, sie rast, sie fließt, sie schleicht, sie dehnt sich, sie scheint stillzustehen: Auch wenn wir wissen, dass jeder Tag 24 Stunden hat, nehmen wir offensichtlich den Verlauf der Zeit sehr unterschiedlich wahr. Der amerikanische Neurowissenschaftler David Eagleman erforscht Zeitgefühl und Zeitwahrnehmung und ist der Meinung, dass das Gehirn die Zeit nicht passiv registriert, sondern sie aktiv je nach den Umständen konstruiert.

Vor allem Gefühle verändern unsere Zeitwahrnehmung. In Ausnahmesituationen scheint sich die Zeit für uns zu dehnen: Das können Momente der Todesangst wie z. B. bei einem Unfall sein, aber auch als besonders schön empfundene Momente wie der erste Kuss. Die Stärke der Emotionen bzw. der Erregung beeinflusst hier offensichtlich unsere Zeitwahrnehmung und zwar sowohl in der Erinnerung als auch im aktuellen Zeiterleben. Bei einem Autounfall werden Neurotransmitter, körpereigene Botenstoffe, ausgeschüttet, die bewirken, dass wir diesen gefährlichen Moment ganz langsam erleben. Das schärft unsere Wahrnehmung und bietet möglicherweise auch die Chance, richtig zu reagieren.

Nicht immer allerdings stimmen die momentane Zeitwahrnehmung und die erinnerte Zeit überein: In Zeiten, die wir als sehr schön erleben und in denen wir sehr aktiv sind, in einem Urlaub z. B., vergeht die Zeit wie im Fluge und wir erleben sie als kurz. Wenn wir uns aber später daran erinnern, erscheint uns derselbe Zeitraum im Rückblick als lang wegen der zahlreichen und mit angenehmen Emotionen verknüpften Urlaubserlebnisse. Dieses Phänomen nennt man das Zeitparadoxon.

Ein weiterer Faktor, der unser Zeitgefühl zu beeinflussen scheint, ist das Alter. Kinder entwickeln erst im Alter zwischen zehn und zwölf Jahren überhaupt eine zeitliche Vorstellung von ihrem Leben. Aber man geht davon aus, dass für junge Menschen, die viele Dinge zum ersten Mal sehen und erleben, die Zeit langsam vergeht. Dagegen haben Menschen im mittleren Alter oft das Gefühl, dass die Zeit rast, denn sie sind in viele Verpflichtungen eingebunden und erleben die meisten Tätigkeiten als Routine, an die man sich im Rückblick kaum erinnert. Auch ältere Leute haben das Gefühl, dass die Zeit schnell vergeht, denn im Gegensatz zu jungen Menschen sind viele Eindrücke und Erlebnisse nicht neu, sie erscheinen deshalb alltäglich und hinterlassen das Gefühl, dass die Zeit verfliegt.

1.
- *unterschiedliche Wahrnehmung von Zeit*
- *Neurowissenschaftler Eagleman = Gehirn konstruiert Zeit*

2.
- ______
- ______

3.
- ______
- ______

4.
- ______
- ______

b Aus Ihren notierten Hauptinformationen muss jetzt zu jedem Gliederungspunkt ein kurzer Text formuliert werden. Üben Sie das, indem Sie die fehlenden Elemente im folgenden Lückentext ergänzen. Beachten Sie auch den Tipp unter der Übung.

1. Dass wir den Verlauf von Zeit sehr unterschiedlich wahrnehmen, zeigt sich schon an den vielen sprachlichen Möglichkeiten, die das beschreiben: Die Zeit kann rasen und sie kann sich dehnen.
(Überleitung) Der amerikanische Neurowissenschaftler David Eagleman untersucht, welche ____________ unsere Zeitwahrnehmung beeinflussen.

2. ____

____

____

(Überleitung) Gefühle sind auch der Grund dafür, dass ______________________________

____

3. ____

____

____

(Überleitung) ____________________ ist ein weiterer wichtiger Faktor, der ______________

____

4. ____

____

____

TIPP Wenn man einen Text zusammenfasst, müssen die einzelnen Gliederungsabschnitte sprachlich und logisch miteinander verbunden werden, so dass ein neuer, aber viel kürzerer Text entsteht. Dazu sind, wie oben gezeigt, Überleitungen nötig. Weitere Beispiele für überleitende Formulierungen:

- *der Autor beschäftigt / befasst sich mit / stellt dar, …*
- *ein weiterer Aspekt / Grund ist …*
- *demgegenüber …*
- *auch (dar) an … zeigt sich …*
- *neben den genannten Punkten / Argumenten wird angeführt / vorgebracht, …*
- *darüber hinaus …*

c Üben Sie das noch einmal an dem Text *Was meinen Eltern zum Thema „Homeschooling"?* auf Seite 47. Sie haben bereits die Hauptinformationen markiert und den Text durch die Titel 1 – 4 gegliedert. Formulieren Sie eine Zusammenfassung des Textes und fügen Sie die im Schüttelkasten vorgeschlagenen Überleitungen an den passenden Stellen ein.

Neben den teilweise unterschiedlichen Bewertungen waren sich die Eltern aber in einigen Punkten einig. • In den Ergebnissen zeigten sich deutliche Unterschiede zwischen bildungsnahen und bildungsschwachen Eltern. • Auch in ihren Forderungen zeigten die Eltern / sie Einigkeit.

d Schreiben Sie jetzt selbständig eine Zusammenfassung für den Text *Das Glück des Gehens* auf Seite 46. Verwenden Sie dazu Ihre eigene Gliederung und vergleichen Sie Ihren Text dann mit dem Lösungsvorschlag.

11 Vor- und Nachteile nennen

1 Das Thema verstehen und die Kontroverse herausarbeiten

TIPP Es ist sehr schwer, Vor- und Nachteile zu einem Thema zu finden, das man nicht kennt und nicht richtig einordnen kann. Informieren Sie sich beim Üben deshalb immer durch Recherche über die vorgeschlagenen Themen. Dadurch steigt auch Ihre Chance, in der Prüfung einem Ihnen schon vertrauten Thema zu begegnen.

a Fassen Sie die Informationen aus dem Text zu einer kurzen Definition mit Beispielen zusammen. Ergänzen Sie dazu die Vorgabe.

Anglizismen

Wir trinken Coffee to go, googeln nach Begriffen und snacken, wenn wir Lust haben, eine Kleinigkeit. Im Alltag verwenden wir inzwischen sehr viele englische Begriffe, und zwar häufig, ohne dass wir es noch merken. Diese Wörter werden Anglizismen genannt. Sie werden unverändert aus dem Englischen ins Deutsche übernommen und behalten deshalb in der Aussprache und im Schriftbild fast unverändert ihre fremdsprachlichen Merkmale. Sehr verbreitete Beispiele dafür finden sich bei der jährlichen Wahl der beliebtesten und häufigsten Anglizismen: So wurde 2012 das Wort *Crowdfunding* zum Anglizismus des Jahres gewählt, 2014 war es *blackfacing*, 2016 *fake news* und 2019 *… for future*.

Von diesen englischen Fremdwörtern muss man zum einen englische Lehnwörter unterscheiden. Das sind Begriffe, die zwar aus dem Englischen stammen, sich aber in der Aussprache und in der Form völlig der deutschen Sprache angepasst haben: *der Keks* (engl. *cake*), *das Mikrofon, das Telefon*. Zum anderen gibt es da noch die sogenannten Scheinanglizismen, nämlich Wörter, die zwar englisch aussehen und englisch klingen, aber in dieser Form nur im Deutschen existieren. Das beliebteste Beispiel hierfür ist *das Handy*, das auf Englisch *mobile phone* oder *cell phone* heißt.

Unter einem Anglizismus versteht man ______________________________

____

____

____

b Informieren Sie sich über das Thema „Anglizismen im Deutschen" und recherchieren Sie z. B. unter den Stichworten *Anglizismus des Jahres, Debatte um Anglizismen* oder ähnlichen. Notieren Sie kurz, welche Vor- und Nachteile genannt werden, und ein paar Beispiele.

Vorteile	Nachteile

weitere Beispiele für Anglizismen: ______________________________

c Lesen Sie die beiden folgenden Meinungen zum Thema „Anglizismen im Deutschen". Markieren Sie die Hauptinformationen.

Nadja

Für mich ist die ganze Diskussion um Anglizismen schwer nachzuvollziehen. Ich verstehe gar nicht, wo das Problem sein soll. Mir ist natürlich klar, dass so mancher, der von *convenience* oder *lifestyle product* spricht, selbst nicht ganz versteht, was er da sagt. Aber ich halte es für falsch, alle Anglizismen zu verteufeln. Durch die Übernahme fremdsprachiger Wörter entwickelt sich eine Sprache weiter und unsere Möglichkeiten, uns genau und differenziert auszudrücken, nehmen zu. So gibt es im Englischen für den deutschen Begriff „Politik" drei unterschiedliche: *Politics (politische Verfahren), Polity (politische Akteure und Institutionen)* und *Policy (politische Inhalte).* Meistens werden also Begriffe übernommen, für die es keine genaue Entsprechung gibt, sie füllen eine Lücke. Unnötige und rein modische Fremdwörter verschwinden normalerweise von alleine wieder.

Natürlich sollte man in seiner Kommunikation darauf achten, verständlich zu bleiben und niemanden auszuschließen. Aber das ist eine Frage des persönlichen Kommunikationsstils, das kann einem niemand vorschreiben.

Paolo

Mich stört es sehr, wenn englische Wörter im Deutschen benutzt werden, obwohl es sehr wohl passende deutsche Ausdrücke gibt. Für das Wort *sale*, das einem im Sommer und nach Weihnachten aus fast jedem Geschäft entgegenspringt, gibt es die schönen Begriffe *Sommer- und Winterschlussverkauf.* Auch den *user* braucht man nicht, weil *der Nutzer* genau dasselbe ausdrückt. Man möchte sich mit den englischen Begriffen als weltoffen, modern und gebildet geben. Dabei vergisst man, dass bei weitem nicht alle Menschen Englisch sprechen. Vor allem ältere Leute verstehen die Wörter nicht und fühlen sich ausgegrenzt und beschämt, weil sie oft Aussprache- und Rechtschreibfehler dabei machen. Man kann sich fragen, ob Englisch inzwischen die Sprache der Oberschicht ist, so wie es früher das Latein war. Es führt auch meiner Meinung nach dazu, dass deutsche Begriffe verschwinden und durch englische ersetzt werden. Das wäre sehr schade.

Deshalb ist mein Vorschlag, nur solche Wörter aus anderen Sprachen und vor allem aus dem Englischen zu übernehmen, die der deutschen Sprache wirklich etwas Neues hinzufügen und einen zusätzlichen Wert bringen.

d Suchen Sie mit Hilfe der von Ihnen markierten Hauptinformationen die Punkte heraus, die für bzw. gegen Anglizismen vorgebracht werden.

Vorteile	Nachteile
• ______	• ______
• ______	• ______
• ______	• ______

2 Ausdrucksmöglichkeiten

Ergänzen Sie den Lückentext, in dem kurz das Thema vorgestellt wird und die Vor- und Nachteile von Anglizismen genannt werden, aber keine Meinung geäußert wird. Verwenden Sie dabei die vorgestellten Redemittel.

das Thema vorstellen	Vor- und Nachteile aufzählen
• bei … handelt es sich um … • bei dem Thema … geht es um … • bei diesem Begriff geht es darum, dass …	• erstens …, zweitens …, drittens … • zum einen …, zum anderen … • darüber hinaus … / hinzu kommt … • ein weiterer Aspekt / Vor- / Nachteil ist … • schließlich …
Vor- und Nachteile nennen	**Beispiele und Belege nennen**
• für / gegen … spricht … • als Vorteil lässt sich … nennen … • als Nachteil lässt sich anführen, dass … • ein Einwand gegen … ist, dass …	• beispielsweise …, wie z. B. … • als Beispiel kann man nennen / anführen … • das zeigt sich z. B. daran, dass … • das kann man daran sehen / erkennen, dass …

Bei Anglizismen ____________________ um ____________________________, die ______ ______________________________ werden. Dazu, wie sinnvoll oder nützlich ihre Verwendung ist, gibt es sehr unterschiedliche Meinungen. Gegen ihre Verwendung __________________, dass sie oft verwendet werden, obwohl ____ gibt wie ______________ *sale* für ______________ und *user* für ________________. Weil aber nicht ____ sprechen, führt das leicht dazu, dass ____, vor allem wenn sie ________ ____. Ein weiterer ___________ ist die Gefahr, dass deutsche ____.
Als Vorteil _______________________, dass sich die deutsche Sprache durch die Übernahme fremder Wörter __________________, denn meistens werden ______________________, für die es keine __________________________. Das zeigt sich z. B. an dem deutschen Begriff „Politik", für den _____ ____________________________________ existieren. Hinzu kommt also, dass sich jeder einzelne von uns durch die genaueren englischen Begriffe ____ __________ kann.
Schließlich führt eine solche Sprachentwicklung von alleine dazu, dass rein modische _______________ _____________________________ wieder _______________.

TIPP Wenn in der Aufgabe gefordert wird, Vor- und Nachteile zu einem Thema zu nennen, ist es wichtig, sich mit der eigenen Meinung zurückzuhalten und tatsächlich auf neutrale Weise die positiven und negativen Aspekte zu formulieren. Häufig wird dann zu einem späteren Zeitpunkt ausdrücklich nach der persönlichen Meinung gefragt.

3 Vor- und Nachteile formulieren

a Lesen Sie die folgenden Sätze zum Thema *Teamarbeit* und sortieren Sie sie dann mit den Nummern in die Tabelle als Vor- oder Nachteil ein.

Vorteile und Nachteile von Teamarbeit

1 gemeinsame und eigenverantwortliche Beteiligung der Teammitglieder an der Aufgabe, dadurch größeres Verantwortungsgefühl und größere Arbeitszufriedenheit sowie starke Identifikation mit der Aufgabe

2 Ineffektivität durch Zeitverlust: Teambildung und Teamentwicklung sind zeitaufwändig

3 das Team steht im Vordergrund, nicht der Einzelne, dadurch keine individuellen Ergebnisse, kein persönlicher Erfolg

4 direkte Kommunikation und Auseinandersetzung mit Kolleginnen und Kollegen, dadurch besserer Informationsfluss

5 zu starke Vorteile für extrovertierte und ehrgeizige Teammitglieder und Benachteiligung von introvertierten und schüchternen Teammitgliedern

6 gegenseitige Verstärkung des Wissens und der Erfahrung der einzelnen Mitarbeiterinnen und Mitarbeiter (→ Synergieeffekt), Leistungssteigerung durch gegenseitige Anregungen

7 Förderung der Kreativität durch Mitbestimmungsmöglichkeiten, Entdeckung und Förderung von Potentialen und Talenten der Teammitglieder

8 Entstehung von Konkurrenz und Gruppendruck, dadurch auch von Stress und psychischen Belastungen

Vorteile von Teamarbeit	Nachteile von Teamarbeit

b Formulieren Sie jetzt einen Text, in dem Sie – im Anschluss an die vorgegebene Einleitung – die oben genannten Vor- und die Nachteile von Teamarbeit darstellen. Verwenden Sie die gelernten Redemittel.

Einleitung

Die moderne Arbeitswelt ist ohne Teamarbeit nicht mehr vorstellbar. Für eine offene, hierarchiefreie Kommunikation ist sie eine unabdingbare Voraussetzung und dort, wo sie nicht funktioniert, entstehen zahlreiche Konflikte. Um sie wirkungsvoll einzusetzen, ist es sehr wichtig, zu verstehen, welche Möglichkeiten sie bietet, aber auch, wo sie ihre Grenzen hat.

c Verfassen Sie einen Text zum Thema *Roboter in der Pflege*. Schreiben Sie eine kurze Einleitung und nennen Sie dann die Vor- und die Nachteile beim Einsatz von Robotern in diesem Bereich. Nutzen Sie die Vorgaben und ergänzen Sie sie durch eigene Recherche.
Schreiben Sie den Text ins Heft und vergleichen Sie ihn mit dem Lösungsvorschlag.

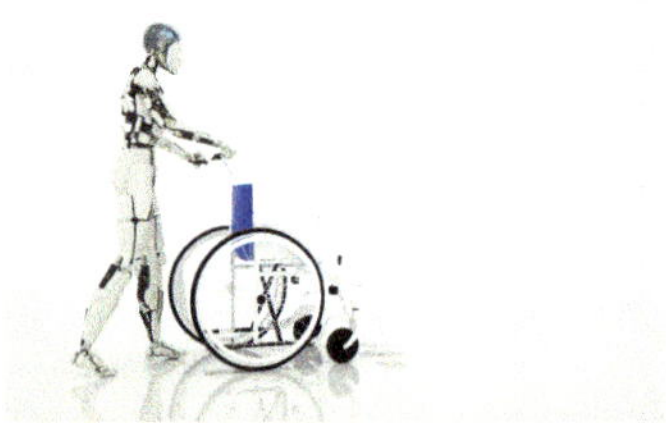

Ideen für die Einleitung:

- Menschen werden immer älter → mehr Pflegebedürftige
- aber zu wenige Pflegekräfte: harter Beruf, schlecht bezahlt, hohe körperliche und psychische Belastungen
- Pflegekräfte werden häufiger krank, gehen früher in Rente als Menschen in anderen Berufen

- Roboter können schwere körperliche Arbeiten übernehmen
- Sie können Serviceleistungen übernehmen, wie Essen austeilen, Wäsche wegbringen - Personal hat dann mehr Zeit für die Patienten
- sind sehr geduldig z. B. mit dementen Menschen

- Roboter können keine menschliche Wärme und Zuwendung geben
- Pflegekräfte haben die Sorge, dass dann ihre Arbeitsstellen eingespart werden
- Roboter können durch falsche Programmierung auch Fehler machen

d Schreiben Sie einen Text zum Thema *Online-Lernen am Computer*. Schreiben Sie wieder eine kurze Einleitung und nennen Sie dann die Vor- und Nachteile. Recherchieren Sie diesmal selbständig und sammeln Sie Ideen, bevor Sie anfangen zu schreiben. Schreiben Sie den Text ins Heft und vergleichen Sie ihn mit dem Lösungsvorschlag.

Ideen für die Einleitung:

- ______________________
- ______________________
- ______________________

- man kann sich die Zeit selbst einteilen und den Stoff jederzeit wiederholen, wenn nötig
- ______________________
- ______________________

- nicht alle Kinder haben einen Laptop
- ______________________
- ______________________

12 Argumente und Gegenargumente formulieren

1 Was ist ein Argument bzw. eine Argumentation?

a Lesen Sie die folgenden beiden Texte und entscheiden Sie dann, welcher der beiden eine Beschreibung und welcher eine Argumentation enthält. Tragen Sie Ihre Lösung unten ein.

1. Das buddhistische Haus

Im Norden von Berlin, in Frohnau, findet man ein ungewöhnliches Gebäude: Hier steht der älteste buddhistische Tempel Europas. Gebaut wurde er zwischen 1922 und 1924 von dem Arzt und Schriftsteller Paul Dahlke, der auch die buddhistische Gemeinde dort gründete. Man betritt das Gelände durch das Elefantentor und steigt dann zum Gebäude 73 Stufen hoch. Sie symbolisieren den achtfachen Weg Buddhas zur Erlösung. Oben sind dann der Tempel, die Bibliothek und der Garten zu sehen, und zwar täglich von 10 bis 18 Uhr.

2. Wegen der Corona-Krise gestrandet

Nachdem der indische Geschäftsmann P. mit dem Ausbruch der Corona-Krise fast zwei Monate in einem Hamburger Hotel festgesessen hatte, wurde er doch ungeduldig und forderte vehement seine Heimreise. Er sei seit Wochen in einem fremden Land und könne nicht nach Hause, weil sein Heimatland sich wegen Corona abgeschottet habe, sagte er Journalisten. Mehrmals habe er erfolglos die Indische Botschaft wegen seiner Rückkehr kontaktiert. Da inzwischen die strengen Corona-Beschränkungen in Europa aufgehoben würden, kämen wieder mehr Touristen in sein Hotel und er befürchte, sich anzustecken. Das würde wiederum zu einer Quarantäne führen und seine Heimreise noch länger verzögern.

1. ______________________ 2. ______________________

b Zu einer vollständigen Argumentation gehören Begründungen, Erklärungen und Schlussfolgerungen. Vollziehen Sie das an der Argumentation in Text 2 nach, indem Sie die Antworten auf die Fragen im Text markieren.

1. Welche Forderung erhebt Herr P.?
2. Wie erklärt er seine Situation?
3. Welche Begründung für seine Forderung bringt er vor?
4. Welche Schlussfolgerungen zieht er dabei?

c Ergänzen Sie die folgende Checkliste mit Hilfe der Vorgaben im Schüttelkasten.

mögliche Konsequenzen oder Folgen • widerlegt oder entkräftet • gezogen • begründet oder gerechtfertigt • Gründe oder Ursachen

Checkliste: Der Aufbau einer Argumentation

✓ 1. Eine Argumentation beginnt damit, dass **eine Aussage, eine These oder auch eine Forderung** vorgebracht wird, die dann ______________________ bzw. ______________________ wird.

✓ 2. Dazu sind als erster Schritt oft **Erklärungen** zur Situation, zum Problem oder zum Kontext nötig.

✓ 3. Im nächsten Schritt werden meist ______________________ genannt.

✓ 4. Schließlich werden damit ______________________ verbunden und **Schlussfolgerungen** daraus ______________________.

2 Das Argumentationsschema

a Der Aufbau einer Argumentation lässt sich in diesem Schema darstellen. Schauen Sie sich die drei Beispiele an und analysieren Sie die drei Schritte.

Schritt 1	Schritt 2	Schritt 3
Aussage / Behauptung / Forderung	**Begründung / Ursache**	**mögliche Folge / Konsequenz → Schlussfolgerung**
1. Wer schon zu Studienbeginn gute Deutschkenntnisse mitbringt, wird im Studium mehr Erfolg haben.	Wer Deutsch gut beherrscht, ist nicht ständig mit seinen sprachlichen Defiziten beschäftigt und kann sich besser auf sein Studium konzentrieren.	Er wird Texte schneller lesen, Vorträge besser verstehen und nicht zuletzt wird er fehlerarme Texte schreiben.
2. Die modernen sozialen Medien verändern unsere Kommunikationsweise und auch unsere Sprache.	Man kann jederzeit Kontakt aufnehmen und kann sehr schnell und unmittelbar reagieren. Die Kommunikation läuft schriftlich und sehr schnell. Oft richtet sich der Text auch nicht nur an eine Person.	Die Texte sind meist kurz und werden nicht mehr so sorgfältig formuliert und oft sprachlich nicht mehr korrigiert: Rechtschreibung und Zeichensetzung werden unwichtiger, sichtbar z. B. an der Groß- und Kleinschreibung. Häufig fehlen Höflichkeitsformeln wie eine korrekte Anrede und Grußformel.
3. Kinder sollten sehr früh eine Fremdsprache lernen.	Je jünger man ist, desto leichter lernt man. Das Gehirn kann neue Informationen schnell aufnehmen und vernetzen. Kinder haben auch weniger Hemmungen, Fehler zu machen.	Man beherrscht später neben der Muttersprache mindestens eine Fremdsprache sehr gut, das ist auch eine wichtige berufliche Qualifikation. Man traut sich leichter das Lernen weiterer Fremdsprachen zu und hat dabei weniger Hemmungen.

b Schritt 1: Erklären Sie jeweils die Aussagen aus der Tabelle, stellen Sie sie in einen Kontext – wie an Beispiel 1 gezeigt. Nutzen Sie dazu die Vorgaben.

1. **Wer schon zu Studienbeginn gute Deutschkenntnisse mitbringt, wird im Studium mehr Erfolg haben.**
   Junge Leute, die zum Studium nach Deutschland kommen, glauben oft irrtümlich, dass sich ihre Sprachkenntnisse durch das Studium automatisch verbessern werden, und versuchen dann, auch ohne zusätzliche Sprachkurse mit dem Studium zu beginnen.

2. **Die modernen sozialen Medien verändern unsere Kommunikationsweise und auch unsere Sprache.**
   (früher → vieles mündlich und sehr privat z. B. am Telefon besprochen, heute meistens schriftlich)

   ____
   ____
   ____
   ____

3. **Kinder sollten sehr früh eine Fremdsprache lernen.**
   (Eltern → fürchten, Kinder zu überfordern / haben Sorge → eigene Muttersprache nicht richtig lernen)

   ____
   ____
   ____
   ____

c Schritt 2: Begründen Sie jetzt die ergänzten Aussagen aus Aufgabe a. Nutzen Sie dazu die Vorgaben im Schema und die hier vorgeschlagenen Redemittel. Die Folgen ergänzen Sie später.

eine Begründung formulieren / Ursachen nennen

in einer Wortgruppe	in einem Satz
• wegen … (+ Genitiv)	• weil, da …
• aufgrund … (+ Genitiv) / aufgrund von …	• denn …
• infolge … (+ Genitiv) / infolge von …	• zumal …
• aus … (+ Dativ) / vor … (+ Dativ)	• nämlich …

1. **Wer schon zu Studienbeginn gute Deutschkenntnisse mitbringt, wird im Studium mehr Erfolg haben.**

   Wer nämlich Deutsch gut beherrscht, kann sich besser auf sein Studium konzentrieren, denn man ist nicht ständig mit seinen sprachlichen Defiziten beschäftigt.
   (Folge) *Deshalb wird man Texte schneller lesen, Vorträge besser verstehen und nicht zuletzt wird man fehlerarme Texte schreiben, so dass die Studienleistungen besser sind.*

2. **Die modernen sozialen Medien verändern unsere Kommunikationsweise und auch unsere Sprache.**

   ______

   (Folge) ______

3. **Kinder sollten sehr früh eine Fremdsprache lernen.**

   ______

   (Folge) ______

d Schritt 3: Ergänzen Sie oben jeweils die möglichen Folgen und ziehen Sie Schlussfolgerungen. Nutzen Sie auch dazu die Vorgaben im Schema und die hier vorgeschlagenen Redemittel.

Folgen aufzeigen / Schlussfolgerungen ziehen

• also …	• folglich / infolgedessen …
• deshalb / deswegen / darum / daher …	• so dass …

e Bei Begründungen / Ursachen und Folgen / Schlussfolgerungen muss die dahinter liegende Ursache / Folge-Verbindung deutlich gemacht werden. Formulieren Sie solche Verbindungen aus den Vorgaben unten. Die folgenden Verben helfen Ihnen dabei:

A verursacht B (A = Subjekt, B = Akkusativ, Präpositionalgruppe oder Nebensatz)	
auslösen Folge häufig negativ	– einen Konflikt, einen Streit, einen Krieg, Probleme, Empörung … – eine emotionale Reaktion: Freude, Gelächter, Ärger, Wut, Streit, Panik …
bewirken Folge häufig positiv	– eine Veränderung, eine Verbesserung, einen Rückgang … – dass der Umweltschutz intensiviert wird / dass der Ausstoß von CO_2 abnimmt
hervorrufen	– Gefühle: Empörung, Entsetzen, Bewunderung … / eine Reaktion, Protest … – körperliche Reaktionen: eine Allergie, eine Entzündung …
verursachen Folge häufig negativ	– Kosten, einen Schaden, einen Unfall, eine Störung, Chaos, Aufregung … – Kopfschmerzen, eine Krankheit …
mit sich bringen	– einen Verlust, einen Gewinn, Nachteile, Vorteile, eine Entwicklung … – dass man länger arbeiten muss / dass man mehr verdient
führen	– **zu** einem Ergebnis, **zu** Konflikten, **zu** verbesserten Beziehungen … – **dazu, dass** die Verschuldung sinkt / **dazu, dass** man nichts versteht

1. *Sein Vorschlag löste Empörung aus.*
   sein Vorschlag – Empörung
2. ______
   dauerhafter Süßwassermangel – hohe Ernteverluste
3. ______
   der neue Handelsvertrag – große wirtschaftliche Chancen für die Region
4. ______
   sein umsichtiges Verhalten – die Situation beruhigte sich
5. ______
   der betrunkene Autofahrer – einen schweren Unfall
6. ______
   Nüsse – manchmal Allergien

f Ergänzen Sie die vorgegebene Argumentation zum Thema *Sport und Gesundheit* und bilden Sie jeweils einen passenden Satz.

1. *Das führt zu einer schlechten Sauerstoffversorgung im Körper.*
   Bei Bewegungsmangel bilden sich in den Muskeln zu wenige Kapillaren. → schlechte Sauerstoffversorgung im Körper
2. ______
   Wenn man keinen Sport treibt, verkleben die Blutplättchen leicht. → Gefahr von Arterienverstopfung
3. ______
   fehlende körperliche Aktivität → frühere Alterungsprozesse + niedrigere Lebenserwartung
4. ______
   fehlendes Training für das Herz → hohes Risiko für Herz-Kreislauferkrankungen
5. ______
   regelmäßiges Training dagegen → besserer Transport der Blutkörperchen durch die Kapillaren
6. ______
   Sport reduziert Stress und damit den Adrenalinausstoß. → Senkung von Blutdruck und Pulsfrequenz

3 Das Argumentationsschema erkennen und anwenden

a Analysieren Sie im folgenden Text die Argumentationen. Markieren Sie jeweils in unterschiedlichen Farben die Behauptungen / Aussagen (rot), die Begründungen (blau), wenn vorhanden, und die Schlussfolgerungen (grün), wenn vorhanden. Achten Sie dabei auch auf die Redemittel und vergleichen Sie sie mit den auf den vorigen Seiten angegebenen.

Arbeitslosigkeit trotz Fachkräftemangel in Deutschland

Die Angst vor Arbeitslosigkeit beherrschte den deutschen Arbeitsmarkt zum Anfang dieses Jahrhunderts, denn damals waren zeitweise mehr als fünf Millionen Menschen arbeitslos.

Wie stark sich die Situation in Deutschland inzwischen verändert hat, sieht man daran, dass heute intensiv über das entgegengesetzte Problem diskutiert wird: über den Mangel an Arbeitskräften. Nach einer neuen Studie bremst nämlich das Fehlen von Fachkräften bereits heute das Wirtschaftswachstum.

Allerdings hat diese neue Situation noch nicht dazu geführt, dass jeder in Deutschland einen Arbeitsplatz findet. Noch immer sind in der Bundesrepublik mehr als zwei Millionen Bürgerinnen und Bürger arbeitslos, Hunderttausende davon sogar länger als ein Jahr. Bei vielen Menschen rufen die Klagen über Fachkräftemangel nur noch Bitterkeit hervor, weil sie das Gefühl haben, bei der Jobsuche z. B. wegen ihres Alters nicht berücksichtigt zu werden. Oder weil sie als Mutter Beruf und Kinder vereinbaren möchten, was ihnen auf dem Arbeitsmarkt oft große Nachteile beschert. Oder weil ihnen einfach die erforderlichen Qualifikationen fehlen.

Diese Beispiele zeigen, dass nicht nur eine gute Wirtschaftslage, sondern auch ein anderes Denken nötig wäre, um den Fachkräftemangel zu beheben.

Die Firmen etwa, die jetzt über fehlende Fachkräfte jammern, legen immer noch zu viel Wert auf junge Arbeitskräfte, weil sie billiger sind. Ältere Mitarbeiterinnen und Mitarbeiter werden gerne in Frührente geschickt, denn für deren höheres Gehalt können doppelt so viele Berufsanfänger eingestellt werden. Dabei sind ältere Menschen das beste Reservoir des Arbeitsmarkts und man braucht sie nicht erst zu qualifizieren. Würden Firmen das ernst nehmen, müssten sie weniger über Fachkräftemangel klagen.

Ähnlich unfair wie mit älteren geht man in Deutschland mit weiblichen Arbeitskräften jeden Alters um. Auch wenn sich das inzwischen aufgrund der besseren Möglichkeiten zur Kinderbetreuung kontinuierlich verbessert, bleibt hier noch viel zu tun. Immer noch arbeitet mehr als die Hälfte der Mütter wegen der Kinder in Teilzeit, was langfristig ihrer Karriere schadet und zu niedrigen Renten im Alter und damit zu Altersarmut führt.

Wer über einen Mangel an Fachkräften redet, blendet oft auch die Tatsache aus, dass beinahe jeder siebte junge Deutsche keine Berufsausbildung hat. Das sind zwei Millionen Menschen! Hier liegt noch eine große Aufgabe für die Bildungspolitik, denn aus diesen jungen Leuten könnten Fachkräfte werden, wenn man sie von Anfang an konsequent fördern und unterstützen würde.

Weil aus dem Mangel an Arbeitsplätzen ein Mangel an Arbeitskräften geworden ist, wird jeder einzelne Mensch zu einer möglichen wertvollen Fachkraft. Deswegen sollte man sich auch um jeden einzelnen von ihnen bemühen.

TIPP Es ist bei Texten immer hilfreich, mit farbigen Markern zu arbeiten. Man findet die markierten Informationen schneller wieder und kann damit auch die Text- und Argumentationsstruktur besser erfassen.

b In diesem Text finden sich acht Argumentationen, nicht alle davon enthalten sowohl Gründe als auch Folgen. Um Ihre Analyse zu überprüfen, legen Sie jetzt in Ihrem Heft ein Schema an und tragen Sie die unterstrichenen Elemente stichwortartig ein.

Aussage / Behauptung / Forderung	Begründung / Ursache	Schlussfolgerung / Konsequenz

c So könnten Ihre Notizen für das Schema in Aufgabe b aussehen. Üben Sie jetzt das Formulieren von Argumentationen, indem Sie diese vier Argumentationen aus dem Text noch einmal selbständig mit Hilfe der gelernten Redemittel ausdrücken.

Argumentation 3

Aussage / Behauptung / Forderung	Begründung / Ursache	Schlussfolgerung / Konsequenz
trotz Fachkräftemangel viele Arbeitslose	werden oft bei der Jobsuche nicht berücksichtigt: zu alt, Mütter mit Kindern, fehlende Qualifikationen	viele von ihnen haben keinen Arbeitsplatz, sind bitter

Argumentation 4

viele Firmen legen zu viel Wert auf jüngere Mitarbeiterinnen und Mitarbeiter	sind billiger, für das höhere Gehalt der älteren → doppelt so viele Berufsanfänger	ältere Mitarbeiterinnen und Mitarbeiter → in Frührente geschickt

Argumentation 5

ältere Menschen sind das beste Reservoir des Arbeitsmarkts	müssen nicht qualifiziert werden	kein Fachkräftemangel, wenn dieses Reservoir genutzt würde

Argumentation 7

jeder siebte junge Deutsche keine Berufsausbildung	nicht von Anfang an konsequent gefördert	könnten Fachkräfte werden, wenn man sie unterstützt

d Formulieren Sie eine Argumentation zum unten genannten Thema. Sortieren Sie vorher die Vorgaben und entscheiden Sie, was die Ursachen und was die Folgen dieses Phänomens sind und in welcher Reihenfolgen Sie sie präsentieren wollen. Der Tipp unten hilft Ihnen dabei.

Das Artensterben bedroht auch den Menschen

- der hohe Flächenverbrauch in der industrialisierten Landwirtschaft und beim Städtebau
- der Klimawandel und die damit verbundenen dramatischen Veränderungen in einigen Regionen der Erde

- Nahrungsquellen für Tiere und damit auch die Menschen gehen verloren
- Ernteausfälle bei Kulturpflanzen, z. B. durch das Insektensterben
- Menschen finden keine Lebensgrundlagen mehr, verarmen und machen sich auf die Suche nach neuen, besseren Orten
- dadurch große Wanderungs- und Fluchtbewegungen

Studie des Weltbiodiversitätsrats (IPBES) aus dem Jahr 2020: Etwa 1 Mio. von 8 Mio. Tier- und Pflanzenarten sind vom Aussterben bedroht – das größte Artensterben seit Menschen auf unserem Planeten leben

Wie dramatisch das Artensterben inzwischen ist, zeigt ______________________

TIPP Die Reihenfolge bei einer Argumentation ist teilweise flexibel. Man sollte natürlich immer mit der Aussage, Behauptung oder Forderung beginnen, denn sie ist ja jeweils die Grundlage der Argumente. Aber ob man die Begründung bzw. die Ursachen darauf folgen lässt oder die Folgen und Schlussfolgerungen, ist eher eine stilistische Frage. Nützlich sind bei jedem Schritt Beispiele, um die Argumente zu untermauern und anschaulich zu machen.

e Schreiben Sie einen Text zum unten genannten Thema. Recherchieren Sie vorher dazu und ergänzen Sie die Informationen in der Übersicht. In Ihrem Text erklären Sie dann das Problem, nennen die Ursachen und schließlich die Folgen, die sich daraus ergeben (oder umgekehrt). Ganz zum Schluss ziehen Sie eine Schlussfolgerung: Was muss man tun, um das Problem zu bekämpfen?

Belastung der Umwelt durch Plastikmüll in den Meeren

Das Problem:

- 150 Mio. Tonnen Plastikmüll belasten inzwischen unsere Meere
- jedes Jahr kommen etwa 5 bis 13 Mio. Tonnen hinzu
- ein besonderes Problem entsteht, wenn die großen Plastikteile zu Mikroplastik zerfallen, etwa in der Größe von Sandkörnern

Die Ursachen: Woher stammt der Müll?

- von Schiffen, z. B. aus der Fischerei, dort geht Ausrüstung verloren, aber auch von Kreuzfahrtschiffen
- ______________________________
- ______________________________

Die Folgen für die Umwelt:

- Tiere verschlucken den Müll und sterben daran
- ______________________________
- ______________________________

P f Entwickeln Sie zum Schluss in einem Text ganz selbständig Argumentationen zu den unten genannten Aussagen. Stellen Sie in der Einleitung das Problem vor. Sammeln Sie dann Vor- und Nachteile für beide Aussagen und überlegen Sie sich Argumente dazu. Das ist die Grundlage für Ihren Hauptteil, in dem die Vor- und Nachteile beider Aussagen mit Argumentationen gegeneinander abgewogen werden. Im Schlussteil formulieren Sie kurz Ihre eigene Meinung und begründen diese mit einer möglichst vollständigen Argumentation. Schreiben Sie Ihren Text (ca. 350 Wörter) ins Heft und vergleichen Sie ihn mit der Musterlösung.

In einer Seminararbeit sollen Sie das Thema „Ausstattung der Schülerinnen und Schüler mit Laptops" aus unterschiedlichen Perspektiven beleuchten.
Sie können dabei die unten stehenden Aussagen zur Orientierung verwenden, aber auch andere Aspekte des Themas darlegen.
Argumentieren Sie überzeugend, führen Sie Beispiele an und gliedern Sie Ihren Text in Einleitung, Hauptteil und Schluss.

Die Schulen sollten allen Schülerinnen und Schülern einen Laptop oder ein Tablet zur Verfügung stellen.
Die Ausstattung der Schülerinnen und Schüler mit technischen Geräten ist Aufgabe der Eltern.

13 Die eigene Meinung äußern und begründen

1 Wie äußert man seine Meinung?

a Lesen und analysieren Sie die beiden Texte und kreuzen Sie an, welche von den folgenden Begriffen in einer Meinungsäußerung eine Rolle spielen, und markieren Sie sie farbig.

◯ 1. genaue Definitionen
◯ 2. Formulierungen zur Meinungsäußerung
◯ 3. Argumente mit Begründungen / Schlussfolgerungen
◯ 4. Beschreibungen
◯ 5. Informationen mit Quellenangaben
◯ 6. eventuell Forderungen

Sollten Sprachtests nur noch online stattfinden?

dafür

Miriam, 24 Jahre, Medizinstudentin

Die Reisebeschränkungen, die durch die Verbreitung des Corona-Virus bestanden, haben nicht nur Touristen, sondern vor allem auch Studierende, die ein Auslandsstudium oder Auslandssemester geplant hatten, vor große Schwierigkeiten gestellt. Sie konnten ihr Studium nicht antreten, aber oft auch ihre notwendigen Sprachprüfungen nicht ablegen. Deshalb befürworte ich ausdrücklich, dass alle zertifizierten Sprachprüfungen nur noch online angeboten werden sollten. Damit werden die Prüfungsteilnehmerinnen und -teilnehmer unabhängiger von unerwartet auftretenden Schwierigkeiten aller Art, seien es Visumsprobleme, Einreisebeschränkungen o. Ä.
Aber auch der finanzielle Aspekt ist wichtig. Es ist sehr viel billiger, einen Sprachtest von zu Hause aus abzulegen, als irgendwohin zu reisen, dort zu übernachten und gegebenenfalls einige Tage bis zur mündlichen Prüfung zu verbringen.
Ich stehe auf dem Standpunkt, dass das für junge Leute eine große Erleichterung mit sich bringt und sie sich auch von einer online-geführten mündlichen Prüfung nicht abschrecken lassen.

dagegen

Paul, 20 Jahre, studiert Geschichte

Schon jetzt kann man einige Sprachprüfungen komplett online ablegen. Das ist für manche Teilnehmerinnen und Teilnehmer sicher sehr praktisch, aber ich halte es für problematisch, vollständig auf Präsenzprüfungen zu verzichten und alle zu Online-Prüfungen zu zwingen. Das hat auch einige gravierende Nachteile. Abgesehen davon, dass die Täuschungsmöglichkeiten größer sind, gibt es Umstände, die dazu führen, dass nicht vollständig gleiche Prüfungsbedingungen für alle hergestellt werden. Je nachdem, in welchem Umfeld die Teilnehmerinnen und Teilnehmer die Prüfung ablegen – zu Hause, in einem Institut, in der Uni –, finden sie eventuell sehr unterschiedliche Gegebenheiten und technische Möglichkeiten vor. Das schafft nach meiner Überzeugung Ungerechtigkeiten.
Ein zweiter Punkt ist die mündliche Prüfung. Ich bin davon überzeugt, dass eine online abgelegte mündliche Prüfung nicht so leicht fair zu bewerten ist, weil einige Aspekte der mündlichen Präsentation verloren gehen, dazu gehören auch emotionale Signale.
Deshalb lehne ich die vollständige Umstellung auf Online-Prüfungen ab und wünsche mir, dass hier für die Teilnehmerinnen und Teilnehmer die Wahlmöglichkeit erhalten bleibt.

TIPP Zwei gut begründete Argumente reichen meistens aus, um seine Meinung deutlich und nachvollziehbar auszudrücken, denn die Meinungsäußerung darf nicht zu lang werden.

b Ergänzen Sie die passenden Redemittel im folgenden Schema mit Formulierungen aus den beiden Texten von Seite 63 und lesen Sie die Redemittel für die geteilte Meinung.

1. eine eindeutige Meinung äußern	2. eine geteilte Meinung äußern, die sowohl Pro- als auch Contra-Argumente berücksichtigt
• nach meiner Überzeugung … • •	• ich bin da geteilter Meinung • zwar … aber … • einerseits … andererseits … • man muss aber auch bedenken, dass …
3. einer Meinung / einem Argument zustimmen	**4. eine Meinung / ein Argument ablehnen**
•	• •

c Zustimmung oder Ablehnung? Ordnen Sie die Gegensätze in den beiden Sprechblasen zu.

DAFÜR

1. Dieser Meinung / Forderung stimme ich weitgehend zu.
2. Dieser Meinung kann ich mich nur anschließen.
3. Das halte ich für zutreffend.
4. Diese Meinung / Forderung teile ich uneingeschränkt.

DAGEGEN

____ a) Das halte ich für nicht erwiesen.
____ b) Diese Meinung / Forderung teile ich überhaupt nicht.
__1__ c) Dieser Meinung / Forderung stimme ich nur teilweise zu.
____ d) Dieser Meinung / Forderung schließe ich mich nicht an.

d Ordnen Sie die folgenden Äußerungen einer der vier Kategorien aus der Redemittelbox zu, indem Sie die passende Zahl ankreuzen.

	1	2	3	4
a) Ich finde es durchaus nachvollziehbar, dass / wenn …	○	○	○	○
b) Meine Meinung ist in dieser Frage sehr gespalten.	○	○	○	○
c) Gegen diese Meinung / Forderung hätte ich einige Einwände.	○	○	○	○
d) Die Logik dieses Arguments erschließt sich mir nicht.	○	○	○	○
e) Meine Haltung dazu ist eindeutig.	○	○	○	○

e Ergänzen Sie mit Hilfe der Vorgaben die Checkliste.

[zustimmend oder ablehnend • nicht etwa eine Tatsache • eine Haltung • teilweise zustimmen • durch Argumente gut begründet]

Checkliste: Die Meinungsäußerung

✓ 1. Eine Meinungsäußerung bezieht ______________________ gegenüber der diskutierten Streitfrage.

✓ 2. Sie kann ______________________________ sein, sie kann aber auch beiden Positionen ______________________________. Dann spricht man von einer geteilten Meinung.

✓ 3. In jedem Fall muss die eigene Meinung ______________________________ werden. Durch passende Redemittel muss aber auch deutlich werden, dass dies die eigene Meinung ist und ______________________________.

2 Üben Sie, Ihre Meinung zu äußern.

a Formulieren Sie jeweils eine kurze Meinungsäußerung zum vorgegebenen Thema.

1. Widersprechen Sie und begründen Sie das.

Jugendliche sollten schon ab 16 Jahren in Begleitung Auto fahren dürfen.

Meiner Meinung nach sind Jugendliche mit 16 Jahren noch …

2. Stimmen Sie zu und begründen Sie das.

Wie das Anschnallen im Auto sollte das Tragen eines Helms für Radfahrerinnen und Radfahrer verpflichtend sein.

3. Äußern Sie eine geteilte Meinung und begründen Sie sie.

Um die Nutzung von öffentlichen Verkehrsmitteln zu fördern, sollten die Steuern für Benzin sehr stark steigen.

4. Äußern Sie Ihre Meinung und begründen Sie sie.

Wer Bioprodukte kauft, unterstützt automatisch den Umweltschutz.

b Formulieren Sie eine geteilte Meinung und nutzen Sie dazu die Argumente aus den beiden Texten.

einerseits

Verminderte Feinstaubbelastung durch Fahrverbote für Dieselautos

Rund 400 Demonstranten haben in Stuttgart gegen Umweltgifte und die Feinstaubbelastung demonstriert, die vom Autoverkehr ausgehen. Sie fordern Fahrverbote für Dieselautos, die besonders viele Stickoxide ausstoßen. Stickoxide gelten als sehr gesundheitsschädlich und belasten vor allem die direkten Anwohner der befahrenen Straßen. Für knapp zwei Stunden war die B14 gestern deshalb blockiert. Jeden Tag drängeln sich Tausende von Autos auf dieser Bundesstraße stadtein- oder stadtauswärts. Deshalb gilt sie bundesweit auch als dreckigste Kreuzung Deutschlands.

andererseits

Fahrverbote bedrohen Existenzen

Im Februar hat das Bundesverwaltungsgericht entschieden, dass von den Städten und Gemeinden Fahrverbote wegen zu hoher Stickoxidwerte erlassen werden dürfen. Doch diese Verbote fürchten viele Leute mehr als schlechte Luft.
Viele Handwerksbetriebe, aber auch alle Pendler sind beruflich abhängig vom Auto. Fahrverbote würden sie existentiell bedrohen, denn sie könnten ihrer Arbeit nicht mehr nachgehen. Sie fordern daher politische Entscheidungen, die die Autoindustrie dazu zwingen, Dieselautos technisch so zu verbessern, dass sie weniger Schadstoffe ausstoßen.

Es gibt sehr gute Argumente, die für ein Fahrverbot von Dieselautos sprechen. ____________________

____

____

____

Aber man muss auch bedenken, dass ____________________

____

____

____

____

TIPP Wenn Sie aufgefordert werden, Ihre eigene Meinung zu äußern, sollten Sie keine Hemmungen haben, dies zu tun, und Sie sollten auf keinen Fall darüber nachdenken, welche Meinung hier vielleicht von Ihnen erwartet wird. Meinungen werden nicht bewertet, sondern die Qualität der Argumentation und das fehlerarme Deutsch zählen! Es ist auch nicht so wichtig, ob das, was Sie schreiben, tatsächlich und vollständig Ihrer echten Meinung entspricht. Das kann ohnehin keiner überprüfen. Wenn Sie sich sehr unsicher fühlen, können Sie immer auch eine geteilte Meinung äußern.

c Üben Sie jetzt, Ihre Meinung begründet zu äußern, indem Sie zu den Texten aus dem Kapitel 11, die Sie bereits geschrieben und korrigiert haben, eine passende Meinungsäußerung hinzufügen.

1. Meine Meinung zum Thema *Vorteile und Nachteile von Teamarbeit* (Seite 53):

2. Meine Meinung zum Thema *Roboter in der Pflege* (Seite 54):

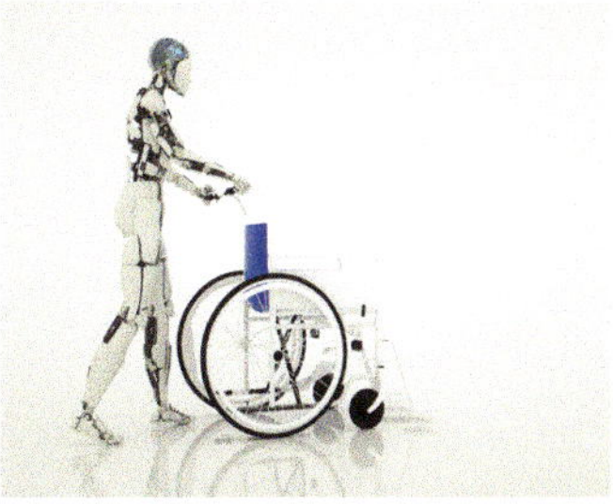

3. Meine Meinung zum Thema *Online-Lernen am Computer* (Seite 54):

Diesen Text haben Sie in Ihr Heft geschrieben. Dort können Sie Ihre Meinungsäußerung hinzufügen und später mit dem Lösungsvorschlag vergleichen.

d Lesen Sie beide Meinungen und entscheiden Sie, welche Sie teilen und welcher Sie widersprechen wollen. Formulieren und begründen Sie das dann.

Computerspiele sind für Kinder meistens schädlich und sollten bis zu einem Alter von etwa 12 Jahren verboten werden.

Es gibt auch gute und pädagogisch wertvolle Computerspiele. Man sollte sie sorgfältig auswählen, aber sie nicht einfach verbieten.

e Formulieren und begründen Sie jetzt selbständig Ihre Meinung zu folgendem Thema. Schreiben Sie Ihren Text ins Heft und vergleichen Sie ihn mit dem Lösungsvorschlag.

In fast allen Großstädten herrscht ein starker Wohnungsmangel. Deshalb sollte man dort die Vermietung von Wohnungen als Ferienwohnungen verbieten.

14 Eine Erörterung verfassen

1 Was ist eine Erörterung?

a Welche der folgenden Verben haben eine synonyme Bedeutung zu *erörtern*? Kreuzen Sie sie an.

◯ 1. etwas verorten
◯ 2. etwas erläutern
◯ 3. sich auseinandersetzen mit / über
◯ 4. etwas besprechen / bereden
◯ 5. etwas diskutieren
◯ 6. etwas ausarbeiten

b Die folgenden Textelemente sollte eine Erörterung enthalten. Ordnen Sie sie Ihren Definitionen zu.

1. das Thema des Textes
2. die Streitfrage
3. die Sichtweisen zur Streitfrage
4. die passenden Argumente zu den beiden Sichtweisen
5. die eigene Meinung

_____ a) die unterschiedlichen Meinungen zur diskutierten Problematik
_____ b) der begründete eigene Standpunkt
_____ c) der Kontext und das notwendige Hintergrundwissen zur Diskussion
_____ d) der Punkt, über den in der Diskussion gestritten wird
_____ e) die Begründungen und Schlussfolgerungen, die die beiden unterschiedlichen Meinungen stützen sollen

c Lesen Sie die folgende Erörterung und markieren Sie die Textelemente aus b farbig.

Grüne Gentechnologie – Hilfe im Kampf gegen Hunger oder unkalkulierbare Bedrohung der Umwelt?

Schon sehr lange beherrscht der Mensch Methoden der Züchtung, die es ihm erlauben, die Eigenschaften von Nutztieren und -pflanzen so zu beeinflussen, dass er größeren Nutzen aus ihnen ziehen kann. Die moderne Gentechnik hat hier ganz neue und viel wirksamere Möglichkeiten eröffnet. Während gentechnische Veränderungen im medizinischen Bereich, z. B. bei der Entwicklung von menschlichem Insulin, als Erfolge gefeiert werden, regte sich bei der grünen Gentechnologie, die ausschließlich die genetische Veränderung von Tieren und Pflanzen betrifft, starker Widerspruch. Es ist sehr umstritten, ob die gentechnische Veränderung von Saatgut z. B. bei Soja und Mais tatsächlich eine Waffe gegen den Hunger darstellt, oder ob sie langfristig unsere Umwelt irreparabel schädigt.

Die Befürworter der grünen Gentechnologie weisen darauf hin, dass gentechnisch veränderte Pflanzen resistent gegen Krankheiten und Schädlinge sind, so dass der Einsatz von umweltschädlichen Pestiziden reduziert werden kann. Dadurch wird die Umwelt geschont , die Landwirte erreichen bessere Erträge und profitieren von einem vereinfachten Anbau.

Vor allem Umweltverbände warnen hingegen davor, dass der großflächige Anbau von gentechnisch veränderten Pflanzen unsere Umwelt in einer Weise beeinflusst, die wir heute noch gar nicht ermessen können und die auch irreversibel sein könnte.

Zu so einem komplexen Thema einen eindeutigen Standpunkt zu beziehen, finde ich sehr schwierig. Beide Sichtweisen sind nachvollziehbar und haben starke Argumente für sich. Daher vertrete ich eine geteilte Meinung zur grünen Gentechnologie. Einerseits würde ich die Forschung in diesem Bereich unter sehr strengen Einschränkungen erlauben in der Hoffnung, dass daraus echte und nachhaltige Vorteile bei der Nutzung von Pflanzen und Tieren entstehen. Andererseits lehne ich es ab, dass für gentechnisch verändertes Saatgut z. B. weltweite Lizenzen vergeben werden, durch die einige wenige Konzerne Eigentümer des Saatguts werden. Damit geraten Bauern in Abhängigkeit von solchen Firmen und niemand profitiert dann noch von eventuell gesteigerten Ernteerträgen.

d Ergänzen Sie jetzt mit Hilfe Ihrer Markierungen das folgende Schema.

1. **Thema der Erörterung:** ______________________________
2. **Informationen / Fakten zum Kontext:**

- ______________________________
- ______________________________
- ______________________________

3. **Streitfrage:** ______________________________
4. **verschiedene Sichtweisen:**

Argumente dafür	Argumente dagegen
•	•

5. **Meinung des Autors:** ______________________________

____

TIPP Bevor Sie anfangen, eine Erörterung bzw. einen argumentativen Text zu schreiben, sollten Sie den Textaufbau in Form dieses vorgestellten Schemas planen und sich zu jedem Punkt Notizen in Stichworten machen. Das ist wesentlich zeitsparender, als den kompletten Text als Entwurf ein erstes Mal zu schreiben, um dann daraus die zweite, endgültige Version entwickeln.

e Ergänzen Sie die Definition einer Erörterung.

[eigenen Standpunkt • abgewogen • schriftliche Diskussion • diskutierte • einer Streitfrage oder Problematik • unterschiedlichen Sichtweisen dazu • thematische Kontext]

Definition: Die Erörterung

✓ 1. Die Erörterung, manchmal auch argumentativer Text genannt, ist eine meist ______________________________, in der verschiedene Sichtweisen zu ______________________________ ______________________________ diskutiert werden.

✓ 2. Dazu muss vorher der ______________________________ der Diskussion in einer Einleitung dargestellt werden.

✓ 3. Danach werden die ______________________________ formuliert und durch Argumente bestätigt oder auch widerlegt. Argumente für und gegen die ______________________________ Aussage, These oder Forderung werden hier im Hauptteil also gegeneinander ______________________________.

✓ 4. Man findet schließlich zu einem ______________________________ und äußert und begründet seine Meinung.

2 Wie entwickelt man eine Erörterung?

a Lesen Sie die beiden Texte und markieren Sie das Thema mit den Informationen zum Kontext und die jeweilige Sichtweise mit den passenden genannten Argumenten farbig.

Wählen mit 16

Peter Hölzl, 26 Jahre, Online-Redakteur bei einer Zeitschrift

Mit 16 wohnen die meisten Jugendlichen noch zu Hause, sie dürfen keine Verträge schließen und nicht heiraten, ohne dass ihre Eltern zustimmen, und sie dürfen noch nicht Auto fahren. Mit anderen Worten: Sie sind noch nicht geschäftsfähig. Wenn sie Straftaten begehen, gilt für sie noch das Jugendstrafrecht, weil man an ihrer Reife zweifelt. Warum sollten sie dann reif genug sein zu wählen?

Meiner Meinung nach liegt die gesetzliche Grenze zur Volljährigkeit mit Recht bei 18 Jahren. In diesem Alter haben die Jugendlichen die Pubertät hinter sich. Man kann sie als junge Erwachsene betrachten und ihnen die vollen Rechte jeden Bürgers zugestehen. In der Zeit davor sollte ein junger Mensch die Möglichkeit haben, sich selbst ein Bild von der Welt zu machen, Erfahrungen zu sammeln und sich in Ruhe eine Meinung auch zu politischen Fragen zu bilden. In der Pubertät sind Jugendliche noch nicht gefestigt, sie neigen manchmal zu extremen und sehr gefühlsbasierten Meinungen und sind leicht zu manipulieren. Das ist keine gute Voraussetzung für die erste Teilnahme an der Bundestagswahl.

Interessant ist auch, dass die Wahlbeteiligung junger Wähler im Allgemeinen deutlich unter der Gesamtwahlbeteiligung liegt. Daraus kann man schließen, dass sich ihr politisches Bewusstsein und der Wunsch mitzubestimmen erst noch entwickeln müssen. Diese Tatsache spricht auf jeden Fall nicht dafür, das Wahlalter noch weiter abzusenken.

Ganz unabhängig vom Wahlalter halte ich es aber für wichtig, dass die Parteien die Interessen und Probleme der Jugendlichen stärker in ihren Programmen berücksichtigen, damit wir nicht nur „eine Republik der Alten“ sind.

Marianna Falcone, 28 Jahre, Journalistin, arbeitet für eine Tageszeitung

Auch heute schon können Jugendliche ab 16 Jahren wählen: in zehn Bundesländern bei Kommunalwahlen, in vier Bundesländern sogar bei Landtagswahlen. Welche Gründe sollte es also geben, dass 16- und 17-Jährige nicht auch bei Bundestagswahlen mitstimmen dürfen?

Viele der Entscheidungen, die im Bundestag getroffen werden, betreffen die Zukunft der Jugendlichen. Ob das eine Rentenreform ist oder Gesetze zum Klimaschutz – die heute 16- und 17-Jährigen werden die Folgen dieser Entscheidungen tragen müssen und sollten deshalb mitbestimmen, wer ihre Interessen im Parlament vertritt.

Die größte und damit einflussreichste Wählergruppe stellen bei der Bundestagswahl die über 60-Jährigen, nach deren Interessen sich besonders vor den Wahlen Politiker und Parteien stark ausrichten. Die jungen Wähler von 16 und 17 Jahren könnten dazu beitragen, dass die jungen Wähler insgesamt ein etwas stärkeres Gegengewicht zu dieser mächtigen Wählergruppe bilden. Dadurch müssten die Parteien die Interessen von jungen Menschen in ihren Programmen stärker berücksichtigen und damit stärker um sie werben.

Häufig wird als Gegenargument angeführt, dass 16- und 17-Jährige noch keine ausreichende politische Bildung und Erfahrung hätten, um gute Wahlentscheidungen zu treffen. Das halte ich für falsch. Denn 17-Jährige legen ihr Abitur ab oder übernehmen verantwortungsvolle Arbeiten in der Ausbildung, sie verdienen Geld und zahlen dafür auch Steuern. Man sollte sie deshalb unbedingt in den demokratischen Prozess einbeziehen.

Voraussetzung dafür ist natürlich eine gute politische Bildung in der Schule.

b Nennen Sie das Thema der Diskussion, sammeln Sie Informationen dazu aus beiden Texten, formulieren Sie die Streitfrage und sammeln Sie Argumente für die beiden in den Texten vorgestellten Sichtweisen. Ergänzen Sie dazu das folgende Schema:

1. **Thema der Diskussion:** Das Wahlalter ______

2. **Informationen / Fakten zum Kontext:**

- Schon heute dürfen Jugendliche ab 16 in zehn Bundesländern bei der Kommunalwahl + in vier Bundesländern bei den Landtagswahlen mitbestimmen
- Volljährigkeit erst ab 18 , dann darf man ______
- *geschäftsfähig sein* bedeutet ______
- ______

3. **Streitfrage:** ______

4. **verschiedene Sichtweisen:**

Argumente dafür	Argumente dagegen
•	•
•	•
•	•
•	•

c Bauen Sie Ihre Notizen aus, indem Sie auch die Zahlen der folgenden Grafik berücksichtigen sowie selbst zum Thema recherchieren. Machen Sie sich dazu Notizen.

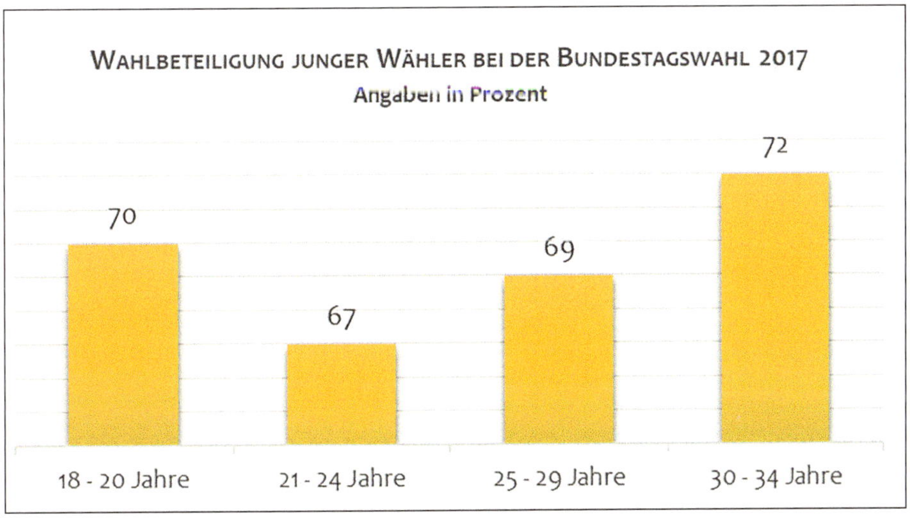

Quelle: Statistisches Bundesamt 2020

d Schauen Sie sich das Schema zum Aufbau einer Erörterung an und überlegen Sie, wie Ihre Notizen in dieses Schema passen würden.

AUFBAU EINER ERÖRTERUNG

EINLEITUNG

- Erklärung des Themas / Kontext des Themas
- Vorstellung der Fragestellung
- evtl. eigene Erfahrungen zu diesem Thema

HAUPTTEIL

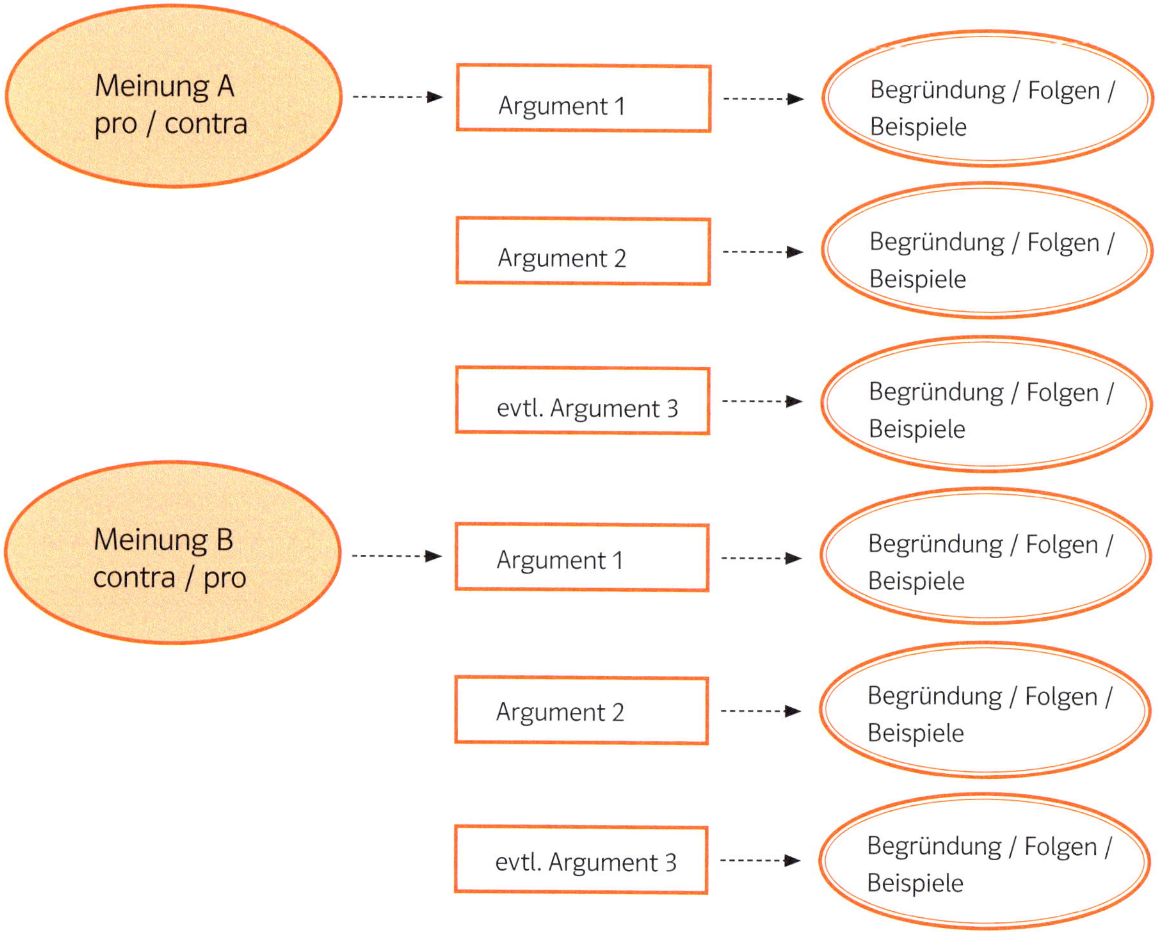

FAZIT

Formulieren und Begründen der eigenen Meinung

e Ergänzen Sie passend zu den Elementen des Schemas die Lücken mit Hilfe Ihrer Notizen.

Wahlrecht ab 16 Jahren?

Mit 18 Jahren werden junge Menschen in Deutschland volljährig. Das bringt einige Rechte mit sich: Man darf ____ ____ ____ hat man das Recht zur politischen Mitbestimmung, man darf also wählen. Ob das der richtige Zeitpunkt dafür ist, ist sehr umstritten. Immer wieder wird gefordert, dass Jugendliche schon mit 16 Jahren wählen sollten. Tatsächlich gibt es hier schon Gesetzesänderungen: ____ ____ ____. Nur die Wahlen auf Bundesebene sind bisher volljährigen Bundesbürgerinnen und Bundesbürgern vorbehalten. Welche Argumente werden in dieser Kontroverse vorgebracht? Die Gegner eines frühen Wahlrechts vertreten den Standpunkt, dass ____ ____.

Hinzu kommt, dass ____ ____ ____. Oft wird auch vorgebracht, dass die Wahlbeteiligung ganz junger Wählerinnen und Wähler ____ ____.

Dagegen fordern die Unterstützer, junge Menschen mit Hilfe eines früheren Wahlrechts an demokratischen Prozessen zu beteiligen, damit sie ____.

Viele Entscheidungen betreffen ____ ____.

Ein guter Politikunterricht an der Schule sei allerdings eine wichtige Voraussetzung für ein frühes Wahlrecht, damit die Schülerinnen und Schüler die politischen Verhältnisse rechtzeitig kennenlernen. Ein weiteres Argument ist, dass ____ ____.

Meiner Meinung nach ____ ____ ____ ____ ____ ____

f Zusammenstellung der Redemittel: Ergänzen Sie in der Übersicht die passenden Redemittel aus den genannten vorherigen Kapiteln sowie aus den Texten aus diesem Kapitel (S. 68 + 70).

1. die Streitfrage / die These / das Thema vorstellen

- Es stellt sich (hier) die Frage … / Man steht (hier) vor der Frage …
- Diese Frage soll hier diskutiert werden.
- Immer wieder wird gefordert / behauptet, dass …
- Diese Forderung / These soll hier diskutiert werden.
-

Argumente formulieren (siehe Kapitel 4 und 11)

2. aufzählen + miteinander verbinden	3. hervorheben / betonen
• • •	• vor allem … • besonders wichtig erscheint mir … • dabei muss man hervorheben / betonen, …
4. gegenüberstellen	**5. Beispiele / Belege nennen**
• einerseits … andererseits … • zwar … aber … / jedoch / stattdessen / dennoch •	• • •

6. die eigene Meinung äußern (siehe Kapitel 13)

-
-

3 Eine Erörterung selbständig vorbereiten und schreiben

a Sie möchten eine Erörterung zum Thema *Weltkulturerbestätten – Bewahrung wertvoller Kulturstätten oder Verhinderung von wirtschaftlicher Entwicklung* schreiben. Darauf bereiten Sie sich so vor, wie Sie es in diesem Kapitel gelernt haben. Recherchieren Sie zunächst selbst zum Thema *Weltkulturerbe* und ergänzen Sie stichwortartig Hintergrundinformationen und Fakten zum Kontext.

Thema der Erörterung: Weltkulturerbestätten

Informationen / Fakten dazu: Was bedeutet dieser Status? Seit wann gibt es ihn? Welche Beispiele gibt es / kennen Sie? …

-
-
-
-
-
-

b Lesen Sie jetzt den kleinen Text dazu. Ergänzen Sie eventuell noch Informationen zum Kontext in Aufgabe a. Formulieren Sie dann die Streitfrage und notieren Sie in Stichworten Argumente dafür und dagegen.

Weltkulturerbe

Als 1969 der größte Wasserstaudamm am Nil in Ägypten gebaut wurde, gerieten die weltberühmten Tempelanlagen der Pharaonen aus dem alten Ägypten in Gefahr, in den Wasserfluten des Damms zu versinken. Damals wuchs die Einsicht, dass solche wertvollen Denkmäler der Vergangenheit erhalten und gepflegt werden müssten. Inzwischen hat sich die UNESCO dieses Problems angenommen und einmal jährlich trifft sich ein Auswahlkomitee, um darüber zu entscheiden, welche Bauwerke, Artefakte und Naturdenkmäler den Status als Weltkulturerbe bekommen und unter besonderen Schutz gestellt werden sollen. Zum Weltkulturerbe gehören heute viele und sehr unterschiedliche Denkmäler: die Pyramiden ebenso wie der Kölner Dom und die Lagunen von Venedig, das Taj Mahal in Indien oder der Yellowstone-Nationalpark in den USA. Insgesamt stehen heute etwa 900 Objekte auf der Liste des Weltkulturerbes und sie wächst kontinuierlich.

Am Beispiel des Elbtals bei Dresden zeigt sich aber auch, dass dieser Status von den Anwohnern nicht immer als Chance und Auszeichnung begriffen wird. Das wegen seiner Schönheit berühmte und viel besuchte Elbtal hatte seit 2004 den Status als Weltkulturerbe, verlor ihn aber 2009 schon wieder, weil die Anwohner auf dem Bau einer Brücke über die Elbe bestanden. Diese ist zwar für den Verkehr wichtig, stört aber das Panorama empfindlich. Der gute Verkehrsfluss schien hier wichtiger als der Welterbestatus.

Streitfrage: Sollte man ______________________

oder ______________________

Argumente dafür	Argumente dagegen
• Wichtige kulturelle Stätten werden vor dem Verfall oder der Zerstörung geschützt.	• Der Kulturerbestatus ist mit starken Einschränkungen und Vorgaben für die Nutzung verbunden.
•	•
•	•
•	•
•	•

c Formulieren Sie jetzt eine Erörterung zu diesem Thema. Nutzen Sie dafür alle Vorarbeiten, die Sie in den Aufgaben a + b geleistet haben, sowie den Wortschatz aus Aufgabe 2f. Schreiben Sie den Text in Ihr Heft.

TIPP Es ist strategisch sehr „elegant", die Argumente zuerst zu nennen, die Sie selbst eher für falsch halten. Man lässt sozusagen dem Gegner den Vortritt. Die Argumente, die Ihrer eigenen Meinung entsprechen, folgen danach, so dass Sie einen direkten und leichten Übergang zur Ihrer Meinungsäußerung finden können.

d Schreiben Sie eine Erörterung zum Thema *Können in der beruflichen Kommunikation Videokonferenzen persönliche Meetings ersetzen?* Recherchieren Sie vorher und nutzen sie die Informationen der Grafik. Entwickeln Sie dann selbständig ein Schema zur Vorbereitung des Textes. Schreiben Sie dann Ihren Text ins Heft.

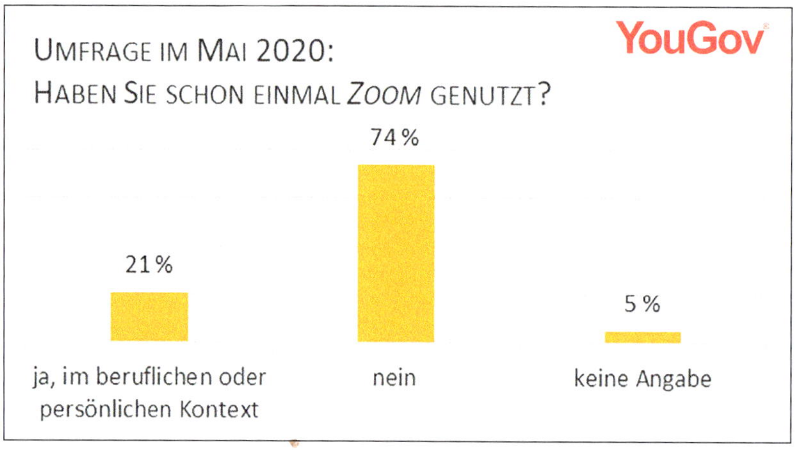

YouGov Deutschland GmbH, Mai 2020

P **e** Schreiben Sie einen Text zum Thema *Frauenquote an Hochschulen*. Folgen Sie dabei genau der Aufgabenstellung: Beschreiben Sie im ersten Teil die Grafik, so wie Sie es im ersten Teil dieses Buches gelernt haben, und formulieren Sie dann im zweiten Teil eine Erörterung zum genannten Thema. Vergessen Sie nicht, eine Einleitung zu schreiben, auch wenn das nicht extra gefordert wird.

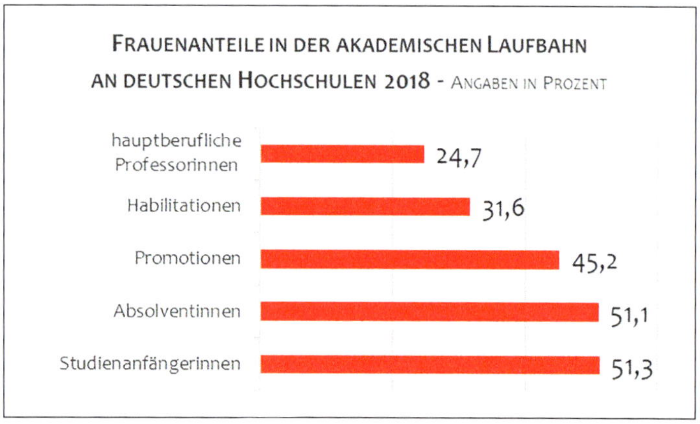

Quelle: Destatis 2019

Immer noch ist nur jede vierte Professur mit einer Frau besetzt, obwohl inzwischen genauso viele Mädchen wie Jungen ein Studium beginnen. Das führt dazu, dass auch im akademischen Bereich die Einführung einer Frauenquote für Führungspositionen laut wird.

- Beschreiben Sie, welchen Anteil Frauen auf den verschiedenen Stufen der akademischen Laufbahn haben.
- Vergleichen Sie dabei, wie sich der Anteil verändert.

Bei der Diskussion der Frage, ob es bei der Besetzung von Professuren eine Frauenquote geben sollte, gibt es sehr unterschiedliche Meinungen:
Ohne eine Quote wird sich am Frauenanteil nicht viel verändern. Das zeigt ein Blick auf die Zahlen der letzten Jahrzehnte.
Die Frauenquote schafft neue Ungerechtigkeiten, weil dann das Leistungsprinzip nicht mehr gilt. Das ist auch schlecht für die Qualität von Forschung und Lehre.

- Geben Sie beide Meinungen mit eigenen Worten wieder.
- Nehmen Sie Stellung zu beiden Aussagen und begründen Sie Ihre Meinung.
- Gehen Sie auch auf die Situation in Ihrem Heimatland ein.

15 Eine Stellungnahme verfassen

TIPP Sie sollten, bevor Sie sich mit diesem Kapitel beschäftigen, unbedingt Kapitel 14 bearbeiten, denn nur so können Sie die Unterschiede zwischen beiden Textsorten richtig nachvollziehen.

1 Die Stellungnahme im Vergleich zur Erörterung

a Lesen Sie noch einmal die beiden Texte in Kapitel 14 auf Seite 70. Es handelt sich um zwei Stellungnahmen zum Thema *Wahlrecht mit 16*. Beantworten Sie anschließend die Fragen zum Aufbau der beiden Texte, indem Sie die richtige Lösung ankreuzen.

1. Welchen Zweck erfüllt die Einleitung?

◯ a) Sie erklärt nur Thema und Streitfrage und stellt beides in einen Kontext.

◯ b) Sie enthält schon deutlich die Meinung des Autors / der Autorin.

◯ c) Sie stellt Thema und Streitfrage in einen Kontext, der auf die Meinung des Autors / der Autorin hindeutet.

2. Wo steht die Meinung des Autors?

◯ a) Am Ende des Textes.

◯ b) Schon in der Einleitung und dann über den ganzen Text verteilt.

◯ c) Nur am Anfang des Textes.

3. Wie sind die Argumente aufgebaut?

◯ a) Es werden hauptsächlich Argumente aufgezählt, die die Meinung des Autors / der Autorin wiedergeben, ab und zu wird das passende Gegenargument dazu genannt.

◯ b) Argumente dafür und dagegen wechseln sich ab.

◯ c) Es werden in beiden Texten ausschließlich Argumente genannt, die die Meinung des Autors / der Autorin wiedergeben.

b In einem der beiden Texte wird ein Gegenargument angeführt und dann widerlegt. Markieren Sie es, notieren Sie es hier und markieren Sie die dazu passenden Redemittel darin.

____

____

c Der Unterschied zwischen einer Stellungnahme und einer Erörterung: Lesen Sie dazu noch einmal eine Erörterung aus Kapitel 14, z. B. auf S. 68, und vergleichen Sie sie mit den beiden Stellungnahmen auf S. 70. Ergänzen Sie anschließend den Lückentext zu den Unterschieden zwischen beiden Textsorten mit den Elementen aus dem Schüttelkasten.

> die Gegenargumente genannt und widerlegt • am Ende des Textes • die Meinung des Autors / der Autorin schon in der Einleitung deutlich • Argumente pro und contra gegeneinander abgewogen • mit Argumenten untermauert

Der Unterschied zwischen einer Erörterung und einer Stellungnahme

✓ 1. In einer Erörterung werden die ______________________.
Die Meinung des Autors / der Autorin wird erst ______________ deutlich formuliert.

✓ 2. In der Stellungnahme wird ______________________.
Sie wird dann im Hauptteil ______________________, manchmal werden dazu auch ______________________.

2 Der Aufbau einer Stellungnahme

a Schauen Sie sich die beiden Stellungnahmen auf S. 70 (Kapitel 14) noch einmal an. Achten Sie besonders darauf, wie jeweils die Einleitung und das Fazit formuliert sind. Zum Vergleich können Sie noch die beiden Texte auf Seite 63 (Kapitel 13) lesen. Auch hier handelt es sich um Stellungnahmen.

b Ergänzen Sie jetzt die fehlenden Informationen zur Einleitung und zum Fazit. Verwenden Sie dazu die Elemente im Schüttelkasten.

Erklärung des Themas / Einordung in einen Kontext • Zusammenfassung und abschließende Formulierung der eigenen Meinung • Vorstellung / Nennung der Fragestellung mit Bezug zur eigenen Meinung • evtl. passende Forderungen und Vorschläge

AUFBAU EINER STELLUNGNAHME

EINLEITUNG

______________________________ (1)

______________________________ (2)

HAUPTTEIL

VARIANTE 1

Argument 1 nennen → Begründung / Beispiel → Argument 2, 3 … nennen → Begründung / Beispiel

VARIANTE 2

Gegenargument 1 nennen und widerlegen → Begründung / Beispiel → Gegenargument 2, 3 … nennen und widerlegen → Begründung / Beispiel

VARIANTE 3: Eine Mischung aus Variante 1 und 2

FAZIT

______________________________ (3)

______________________________ (4)

3 Eine eigene Stellungnahme verfassen

a Formulieren Sie eine Stellungnahme zum Thema *Tempolimit auf deutschen Autobahnen*. Verwenden Sie dazu die Argumente, die unten vorgestellt werden. Entscheiden Sie sich zuerst, welche Position Sie vertreten wollen, und wählen Sie dann Variante 3 für Ihren Hauptteil, d. h. widerlegen Sie mindestens ein Gegenargument. Schreiben Sie Ihren Text ins Heft und vergleichen Sie ihn mit dem Lösungsvorschlag.

pro Tempolimit	contra Tempolimit
• mehr als 400 Tote jährlich auf deutschen Autobahnen, viele davon durch zu hohes Tempo, unangepasste Geschwindigkeit ist die häufigste Unfallursache • 52 % der Deutschen sind für ein Tempolimit auf Autobahnen von 130 km/h • fehlendes Tempolimit bisher nur aus Rücksicht auf die wichtige deutsche Autoindustrie, die ihre schnellen Autos verkaufen möchte • Klimaschutz: Einsparung von einigen Millionen Tonnen CO_2 pro Jahr möglich durch Tempolimit durch geringeren Benzinverbrauch, dadurch auch Kosteneinsparung für Autofahrer • rückständige Verkehrspolitik in Deutschland → der einzige Industriestaat der Welt und der einzige Staat in Europa ohne durchgehendes Tempolimit auf Autobahnen	• die positiven Auswirkungen auf das Klima sind nicht nachgewiesen: der höchste Benzinverbrauch entsteht im Stau und beim Stop-and-go-Fahren in den Städten • die Zahl der Verkehrstoten ist auch ohne Tempolimit in den letzten 50 Jahren von etwa 21 000 auf ca. 3100 zurückgegangen • Gurtpflicht, Helmpflicht für Motorradfahrer, Kindersitzpflicht sowie die Senkung der Promillegrenze und weitere Maßnahmen zum Schutz von Radfahrern sind effektiver als ein generelles Tempolimit • laut Statistik sind Autobahnen auch ohne Tempolimit die sichersten Straßen in Deutschland, nur 7 % der Unfälle mit Personenschaden passieren dort • ein Tempolimit auf besonders gefährlichen Strecken in Kombination mit hohen Strafen für diejenigen, die dort zu schnell fahren, würde vollständig ausreichen – die Lust am schnellen Fahren sollte nicht generell bestraft werden

b Formulieren Sie eine Stellungnahme zum Thema *Studienkredite – eine gute Lösung zur Finanzierung des Studiums?* Recherchieren Sie einige Fakten zum Thema, entscheiden Sie sich dann, welche Position Sie vertreten wollen, und wählen Sie schließlich Variante 1 für Ihren Hauptteil. Schreiben Sie Ihren Text (ca. 250 Wörter) ins Heft und vergleichen Sie ihn mit dem Lösungsvorschlag.

16 Hinweise zur Bewertung

Nach den folgenden Kriterien werden in den C1-Prüfungen Ihre Texte korrigiert. Je nach Prüfung kann die Formulierung und auch die Aufteilung dieser Kriterien etwas variieren, aber inhaltlich stimmen sie für alle Prüfungen weitgehend überein.

1. Die Erfüllung der Aufgabe

Hier wird kontrolliert,

- ob alle Vorgaben in der Aufgabenstellung behandelt wurden (z. B. vergleichen Sie, fassen Sie zusammen, begründen Sie, äußern Sie Ihre Meinung usw.).
- ob die Vorgaben ausführlich genug behandelt wurden.
- ob der Unterschied zwischen Fakten und persönlicher Meinung deutlich wird.
- ob die Argumentation logisch und nachvollziehbar ist.

2. Die soziokulturelle und kommunikative Angemessenheit und die Textsorte

Hier wird kontrolliert,

- ob es sich um die richtige Textsorte handelt.
- ob Ihr Text sprachlich zur vorgegebenen Situation und den möglichen LeserInnen / HörerInnen passt (im Stil, in der Wortwahl, in der Art, wie Sie kommunizieren, also z. B. informativ oder argumentierend oder auch persönlich oder sachlich).

3. Die Kohärenz, d. h. der Textaufbau und die Verknüpfung der Textelemente und der Sätze

Hier wird kontrolliert,

- ob Sie den Text passend zur Aufgabe aufgebaut haben, also ob z. B. Einleitung, argumentativer Hauptteil und Schluss mit eigener Meinung vorhanden sind und auch gut miteinander verknüpft wurden.
- ob Sie die einzelnen Sätze gut und logisch nachvollziehbar miteinander verbunden haben.
- ob der Text klar gegliedert und in sich schlüssig ist.

4. Der Wortschatz / die Lexik

Hier wird kontrolliert,

- ob Sie den zum Thema und zur Situation passenden Wortschatz verwendet haben.
- ob Sie variabel formuliert haben und auch Redewendungen, passende Fachbegriffe und Synonyme benutzt und sich differenziert ausgedrückt haben.
- ob Sie die Wörter in der richtigen Bedeutung verwenden.

5. Die formale Richtigkeit der grammatischen Strukturen

Hier wird kontrolliert,

- ob z. B. Verbformen, Artikel, Kasusformen richtig gebildet wurden (Morphologie).
- ob der Satzbau korrekt ist (Syntax).
- ob die Wörter richtig geschrieben wurden (Rechtschreibung oder Orthographie).
- ob Punkte und Kommas richtig gesetzt wurden (Zeichensetzung).

TIPP Lassen Sie sich immer genügend Zeit, Ihren Text nach dem Schreiben noch einmal auf Punkt 1 (Sind alle Aufgabenteile erfüllt?) und Punkt 5 (formale Fehler) zu überprüfen. Hier können Sie wirklich selbst Fehler finden und korrigieren, das ist bei den Punkten 2 – 4 nicht so leicht möglich.

17 Argumentativer Text

Schriftlicher Ausdruck: telc C1 Hochschule

Schreiben Sie einen Text, in dem Sie Ihren eigenen Standpunkt dazu erarbeiten und argumentativ darlegen. Ihr Text soll mindestens 350 Wörter umfassen. Sie haben 70 Minuten Zeit.

In einer Seminararbeit sollen Sie das Thema „**Reisen**" aus unterschiedlichen Perspektiven beleuchten.
Sie können die unten stehenden Zitate zur Orientierung verwenden, aber auch andere Aspekte des Themas darlegen. Argumentieren Sie überzeugend, führen Sie Beispiele an und gliedern Sie Ihren Text in Einleitung, Hauptteil und Schluss.

„Reisen erweitert durch die Begegnung mit fremden Menschen und Kulturen den Horizont und trägt dazu bei, Vorurteile abzubauen."

„Reisen allein führt nicht automatisch dazu, Vorurteile abzubauen. Das gelingt nur, wenn man sich tatsächlich mit fremden Menschen und Lebensweisen auseinandersetzt."

Hinweise zur Bearbeitung der Aufgabe

Diese Aufgabenstellung entspricht sehr stark dem, was man im englischsprachigen Kontext einen „Essay" nennt. Es handelt sich hier um eine Erörterung, bei der außer dem Thema nichts vorgegeben wird. Das hat einerseits den Vorteil, dass Sie völlig frei in Ihrer Argumentation sind und keinerlei Vorgaben außer dem Textaufbau beachten müssen. Es hat aber auch den Nachteil, dass Sie alle Argumente und Fakten selbst beitragen müssen und auf nichts zurückgreifen können.

Diese Aufgabenstellung eignet sich für Studierende, die sehr schreibgeübt sind und sich ein großes Hintergrundwissen zutrauen.

TIPP Sehr ähnlich ist die Prüfungsgestaltung in **Aufgabe 1 von TestDaF digital**. In diesem Prüfungsteil schreiben Sie einen Beitrag auf einer Lernplattform und nehmen Stellung zu einem Thema, das in einer offenen Fragestellung formuliert wird. Manchmal gibt es ein oder zwei kurze Meinungsaussagen zum Thema, auf die Sie sich beziehen können (siehe oben). Sie schreiben mindestens 200 Wörter und haben 30 Minuten Zeit dafür.
Die Fragestellung würde also hier lauten: *Trägt Reisen in jedem Fall zum Abbau von Vorurteilen bei?*

Praktische Tipps

- Nutzen Sie von den 70 Minuten Arbeitszeit die ersten 10 Minuten, um sich in sehr strukturierter Form Notizen zu machen, so wie Sie es in Kapitel 14 gelernt haben. Bei nur 30 Minuten Arbeitszeit sollten Sie für die Notizen maximal 7 Minuten einplanen. Sammeln Sie genügend Ideen und Argumente, damit Sie sich anschließend ganz auf das Schreiben konzentrieren können. Zu Ihrer Meinung müssen Sie sich keine Notizen machen, das schaffen Sie auch spontan. So sparen Sie etwas Zeit in dieser Vorbereitungsphase.
- **Schreiben Sie den Text in gar keinem Fall zweimal**, sondern beginnen Sie direkt nach Ihrem Entwurf mit der endgültigen Fassung, die Sie am Schluss noch einmal sorgfältig korrigieren. Sie dürfen in einer Prüfung aber nicht mit Bleistift schreiben und auch keine Korrekturstifte verwenden. Korrigieren Sie also Ihren Text durch sauberes Durchstreichen. Daneben schreiben Sie gut lesbar Ihre neue Version. Auch wenn Ihnen das schwerfällt, denken Sie daran, dass nicht Ihr Schriftbild bewertet wird, sondern der Inhalt und der Textaufbau.

Schreiben: ÖSD C1, Aufgabe 2

In einer Zeitung haben Sie folgenden Artikel gelesen:

> **Das Fach *Wirtschaft* in der Schule**
>
> Umfragen zeigen immer wieder, dass es unter jungen Menschen große Wissenslücken beim Thema „Wirtschaft“ gibt. Vor allem Wirtschaftsverbände fordern deshalb, dass es auch an allgemeinbildenden Schulen ein eigenes Schulfach *Wirtschaft* geben sollte, in dem den Jugendlichen der verantwortungsvolle Umgang mit Geld und ein Grundwissen über wirtschaftliche Zusammenhänge vermittelt wird. Themen wie „Haushalt und Geld“, „Unternehmen und Markt“, „Wirtschaftspolitik“, aber auch „Berufsorientierung“ und „Folgen der Globalisierung“ würden jetzt schon erfolgreich an Berufsschulen unterrichtet, was dazu führe, dass die jungen Leute im Alltag und im Beruf wesentlich kompetenter in wirtschaftlichen Belangen seien. Kritik an diesen Vorschlägen kommt z. B. von den Gewerkschaften, die befürchten, dass einzelne Lobby- und Interessengruppen zu stark Einfluss auf die Inhalte dieses Fachs nehmen würden, so dass politische und soziale Zusammenhänge einseitig dargestellt würden. Als Beispiel lässt sich hier das neue Programm des deutschen Bankenverbands nennen, „Geld im Unterricht“, mit dem Lehrkräften kostenlos digitales Unterrichtsmaterial zur Verfügung gestellt wird.

Schreiben Sie nun für ein Seminar eine Stellungnahme. Schreiben Sie mindestens 250 Wörter und gehen Sie dabei auf folgende Punkte ein:

- Fassen Sie die relevanten Informationen des Artikels zusammen.
- Argumentieren Sie: Welche Vor- und Nachteile sehen Sie bei einem verpflichtenden Schulfach „Wirtschaft“?

Erläutern Sie:

- Wie ist Ihre persönliche Meinung dazu?
- Wie ist die Situation in Ihrem Land?

Berücksichtigen Sie dabei auch den Aufbau des Textes (Einführung in das Thema, Aufbau einer Argumentation, Schlussfolgerung).

Hinweise zur Bearbeitung der Aufgabe

Die Arbeitszeit für beide schriftlichen Aufgaben beträgt 90 Minuten. Da Aufgabe 1 wesentlich kürzer ist und etwa 30 Minuten erfordert, bleiben Ihnen für den argumentativen Text in Aufgabe 2 etwa 60 Minuten.

In dieser Aufgabe liefert Ihnen der kurze Text, den Sie zusammenfassen müssen, bereits einiges Material sowohl für die Einleitung als auch für die Darstellung der Vor- und Nachteile. Achten Sie aber darauf, dass Sie eigenständig formulieren und nicht einfach aus dem Text kopieren.

Versuchen Sie, die Einleitung sehr kurz zu halten und die Textzusammenfassung sprachlich elegant daran anzuschließen oder sie in eine längere Einleitung zu integrieren.

Bei der Frage nach der Situation in Ihrem Land tritt häufig das Problem auf, dass man dazu zu wenig weiß und natürlich auch nicht mehr recherchieren kann. Wenn das so ist, formulieren Sie das offen und direkt, z. B. so: *Leider kenne ich mich in diesem Bereich wenig aus und kann keine nachprüfbaren Fakten nennen. / Zu diesem Thema kann ich leider nicht viel sagen, denn ich kenne die Fakten / Zahlen in meinem Land dazu zu wenig.* Anschließend können Sie versuchen, einige Vermutungen zu äußern (*ich vermute, dass … / Nur aus persönlichen Erfahrungen kann ich schließen, dass …*) und eventuell zum Schluss Vorschläge oder Wünsche zum Thema äußern (*Ich fände es gut, wenn … / Es wäre zu wünschen, dass …*).

TIPP Praktische Tipps finden Sie auf Seite 81.

18 Argumentativer Text in Kombination mit einer Grafik

Schreiben: Goethe-Zertifikat C1, Aufgabe 1

Sie sollen sich Gedanken über Möglichkeiten zur Information vor einem Online-Kauf machen.

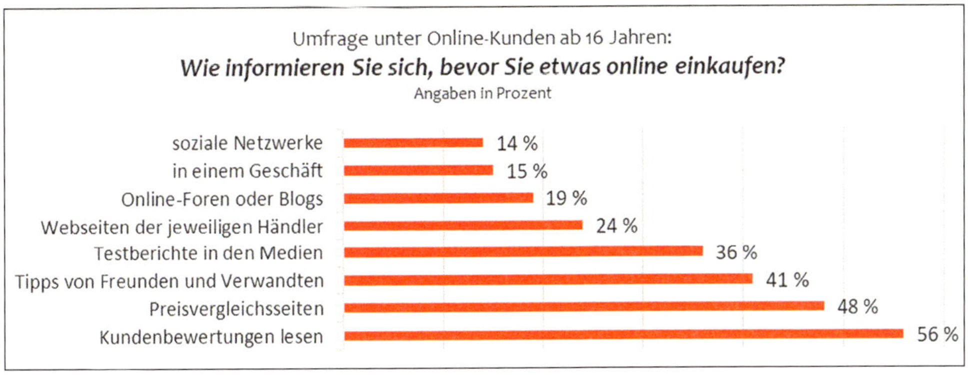

Quelle: Bitkom Studienbericht 2020

Schreiben Sie eine Stellungnahme zu folgenden Punkten:

- die interessantesten Ergebnisse der Grafik
- Bedeutung einer guten Beratung oder Information vor dem Online-Kauf
- Möglichkeiten zur Information vor einem Online-Kauf: Ihre persönliche Meinung oder Erfahrung
- mögliche gesetzliche Maßnahmen zum Schutz von Online-Kunden
- Vergleich der Möglichkeiten zur Kundeninformation mit Ihrem Heimatland

Schreiben Sie mindestens 200 Wörter.

Hinweise zur Bearbeitung der Aufgabe

Bei dieser Aufgabe werden Sie sehr stark gesteuert durch die Fragen. Das erleichtert natürlich den Textaufbau. Sie müssen aber eine kurze Einleitung schreiben.

Die Grafik muss nur in dem Maße beschrieben werden, wie die Fragestellung es verlangt. Auch die Informationen zur Grafik müssen hier nicht genannt werden, außer der Quelle.

Argumentationen werden hier vor allem für Ihre Meinungsäußerungen gebraucht. Achten Sie deshalb darauf, zu begründen, warum Sie bestimmte Ergebnisse interessant finden (erster Punkt), warum Sie etwas wichtig finden (zweiter Punkt), welche Folgen Sie von den vorgeschlagenen Maßnahmen erwarten (vierter Punkt).

TIPP In dieser Prüfung finden Sie die Formulierung „**Schreiben Sie eine Stellungnahme zu folgenden Punkten**". Wenn Sie aber die gesamte Aufgabe betrachten, handelt es sich nicht um die Textsorte *Stellungnahme*, sondern um eine Grafikbeschreibung sowie eine Erörterung mit der Meinungsäußerung am Ende. Auch in anderen Prüfungen werden die Formulierungen „Nehmen Sie Stellung" oder auch „Schreiben Sie eine Stellungnahme" benutzt, ohne dass damit diese Textsorte gemeint ist: z. B. im ÖSD Zertifikat C1, wo es in der zweiten Schreibaufgabe (Aufgabe 2B) heißt: „Schreiben Sie nun für ein Seminar eine Stellungnahme". (siehe Seite 82)

In der TestDaF-Prüfung (papierbasiert) wird die Formulierung „nehmen Sie Stellung" verwendet. Häufig werden dann zwei Meinungen vorgegeben und es heißt: „... Nehmen Sie Stellung zu beiden Aussagen und begründen Sie Ihre Meinung ..." Sie sollen also zu beiden Positionen Stellung beziehen, sie gegeneinander abwägen und dann erst Ihre Meinung äußern. Auch das ist eine Erörterung.

Lassen Sie sich also von den jeweiligen Formulierungen nicht irritieren. Lesen Sie immer die gesamte Aufgabenstellung gründlich durch. Am besten ist es, wenn Sie einfach möglichst genau den Vorgaben folgen.

Schriftlicher Ausdruck: TestDaF (papierbasiert)

Erasmusaufenthalte deutscher Studierenden
Ein Auslandsstudium kann den eigenen Horizont erweitern, weil es Einblicke in ein anderes Land ermöglicht und die Chance bietet, Sprachkenntnisse zu erwerben, die später der Karriere nützen können. Das Erasmusprogramm der EU bietet hier jungen Europäern eine leicht zugängliche Möglichkeit, für eine kurze Zeit mit jungen Menschen aus ganz Europa zusammenzukommen. Allerdings wird aus einem Erasmussemester schnell auch mal ein internationales Partysemester, in dem nicht allzu viel studiert wird.

Schreiben Sie einen Text zu folgendem Thema. Zeit: 60 Minuten.

„Erasmusaufenthalte – Erwerb interkultureller Kompetenzen oder Zeitverlust im Studium?"

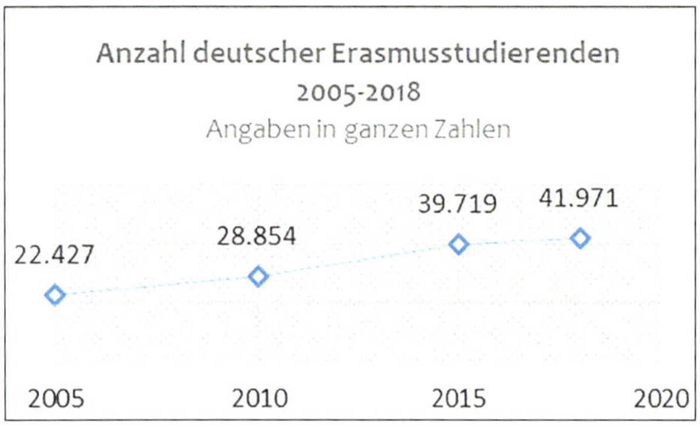

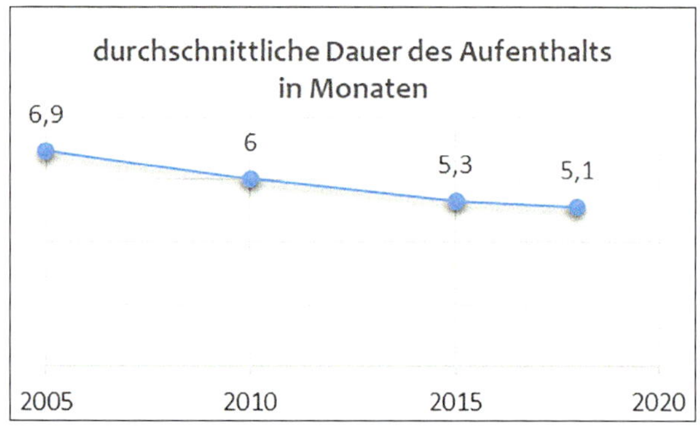

Quelle: DAAD 2020

- Beschreiben Sie, wie sich die Zahlen deutscher Erasmusstudierender entwickelt haben.
- Vergleichen Sie die Entwicklung der durchschnittlichen Aufenthaltsdauer im gleichen Zeitraum.

Trägt ein Erasmusaufenthalt zum Erwerb interkultureller Kompetenzen bei oder bedeutet er einen Zeitverlust im Studium?

- Nehmen Sie Stellung zu dieser Frage und begründen Sie Ihre Meinung.
- Diskutieren Sie dabei die Vor- und Nachteile eines Erasmusaufenthalts.
- Gehen Sie auch auf die Situation in Ihrem Heimatland ein.

Hinweise zur Bearbeitung der Aufgabe

Hier müssen Sie innerhalb von 60 Minuten sowohl die Grafiken beschreiben als auch einen argumentativen Text verfassen. Deshalb ist ein gutes Zeitmanagement sehr wichtig (siehe Seite 81).

Die Grafikbeschreibung sollte nicht zu lang werden: Einleitung und Grafikbeschreibung zusammen sollten nicht mehr als ca. 40 % Ihres Textes ausmachen.

Sie sollten unbedingt alle Informationen zur Grafik nennen, also Thema, Parameter und Quelle. In dieser Prüfung wird darauf Wert gelegt. Sie müssen bei der Beschreibung nicht alle Zahlen nennen, aber darauf achten, dass Sie die wichtigen erfassen und z. B. die Tendenz einer Entwicklung deutlich mit Zahlen belegen.

Beim argumentativen Text sollten Sie unbedingt auf alle drei Arbeitsaufgaben eingehen und ihn wie eine Erörterung (siehe Kapitel 14) aufbauen, also Ihre Meinung erst nach der Abwägung von Vor- und Nachteilen äußern.

19 Zusammenfassung

Schreiben: TestDaF (digital), Aufgabe 2

In Ihrem Seminar zu Management und Personalwesen schreiben Sie eine Hausarbeit zum Thema „Homeoffice".
In einem Abschnitt wollen Sie sich mit folgender Frage beschäftigen:
Welche Vorteile und welche Nachteile bringt das Arbeiten im Homeoffice für die Arbeitnehmerinnen und Arbeitnehmer mit sich?
Fassen Sie zu dieser Frage die Informationen aus dem Text und aus den beiden Grafiken zusammen. Benutzen Sie möglichst eigene Formulierungen. Das Abschreiben von Textpassagen ist nicht erlaubt.

Schreiben Sie ca. **100 – 150 Wörter**. Sie haben **30 Minuten** Zeit.

Homeoffice – ein Modell der modernen Arbeitswelt
Auf dem Weg zur Arbeit im Stau oder in der überfüllten U-Bahn, bei Hitze im Büro ohne Klimaanlage oder bei schlechter Stimmung unter den Kolleginnen und Kollegen, das sind die Momente, in denen so mancher davon träumt, von zu Hause aus zu arbeiten. Und tatsächlich wächst die Zahl der deutschen Arbeitnehmerinnen und Arbeitnehmer, die das auch tun.
Mehr als die Hälfte der Arbeitnehmerinnen und Arbeitnehmer wie der Arbeitgeber schätzen die Flexibilität, weil sie eine bessere Vereinbarkeit von Familie und Beruf ermöglicht. Sowohl für die Eltern als auch für die Chefin oder den Chef ist es angenehm, wenn bei Krankheit der Kinder von zu Hause aus gearbeitet werden kann. Das erspart beiden Seiten Umplanungen und Stress. Die flexible Einteilung der Arbeitszeiten ist vor allem für die Arbeitnehmerinnen und Arbeitnehmer attraktiv. Die Möglichkeit, abends zu arbeiten, schafft tagsüber Zeit für die Kinderbetreuung.
Für die Arbeitgeber zählt auch das Einsparen von Bürofläche und Betriebskosten zu den Vorteilen: Die Kosten für Strom, Heizung, Reinigung und Miete sinken. Für die Beschäftigten dagegen ist Zeitersparnis ein wichtiges Argument. Die Fahrt zum Arbeitsplatz morgens und eventuell nochmal mittags entfällt. Allerdings fehlen im Homeoffice auch die Kontakte zu den Kolleginnen und Kollegen, der fachliche und persönliche Austausch. Das empfinden viele Arbeitnehmerinnen und Arbeitnehmer als einen harten Verlust, denn das Arbeiten zu Hause führt immer auch zu einer Vereinzelung.

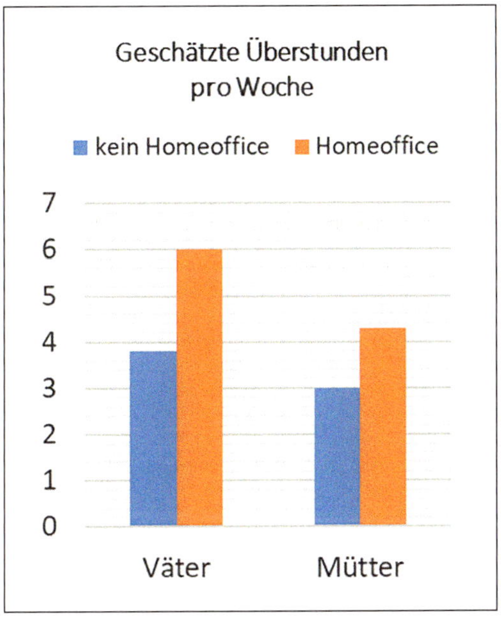

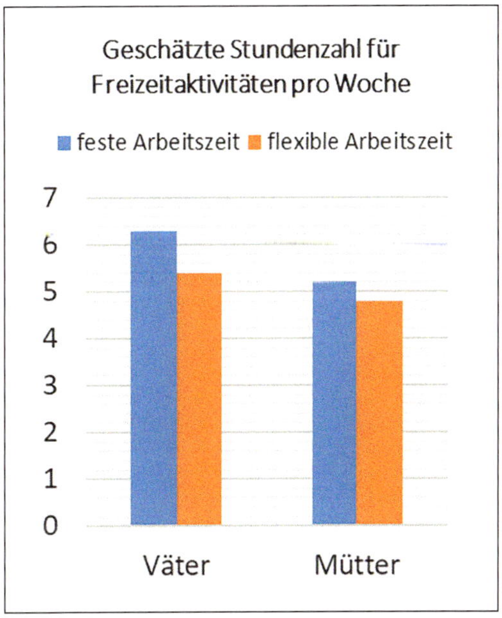

Quelle: Hans-Böckler-Stiftung 2019

Hinweise zur Bearbeitung der Aufgabe

Der wichtigste Hinweis findet sich schon in der Aufgabenstellung: Sie dürfen nicht einfach aus dem Text abschreiben. Schauen Sie sich Kapitel 10 noch mal an, dort finden Sie Vorschläge, wie Sie das vermeiden können.

20 Lösungen

1 **Grafiken richtig lesen und verstehen**

1 1. Balkendiagramm, 2. Kurvendiagramm, 3. Torten- / Kreisdiagramm, 4. Säulendiagramm, 5. Schaubild, 6. Tabelle

2 **Grafik 1**: Häufigste Kommunikationsformen im Alltag; **Grafik 2**: Gründe für das Wegwerfen noch essbarer Lebensmittel

3a 1. Das Torten- / Kreisdiagramm zeigt, wie die Menschen im Alltag am häufigsten kommunizieren. 2. Die Grafik stellt die häufigsten Kommunikationsformen im Alltag dar.

3b 1. Das Säulendiagramm liefert Informationen darüber, warum noch essbare Lebensmittel weggeworfen werden. 2. Die Grafik zeigt, warum noch essbare Lebensmittel weggeworfen werden. 3. Die Grafik gibt Auskunft über die Gründe für das Wegwerfen von noch essbaren Lebensmitteln. / noch essbarer Lebensmittel.

3c Lösungsvorschläge: Thema: Wohnformen von Studierenden in Deutschland; ODER: ... von deutschen Studierenden; Hauptinformation: 1. Das Balkendiagramm / die Grafik zeigt, wie Studierende in Deutschland wohnen. ODER: ... zeigt die Wohnformen von Studierenden in Deutschland. 2. Das Balkendiagramm / Die Grafik gibt Auskunft darüber, wie Studierende in Deutschland wohnen. ODER: ... gibt Auskunft über die Wohnformen von Studierenden in Deutschland. 3. Das Balkendiagramm / Die Grafik liefert Daten / Informationen darüber, wie Studierende in Deutschland wohnen. ODER: ... liefert Daten / Informationen über die Wohnformen von Studierenden in Deutschland. 4. Die Grafik stellt dar, wie Studierende in Deutschland wohnen. ODER: ...stellt die Wohnformen von Studierenden in Deutschland dar.

4 2. Der Wasserverbrauch der Europäer; 3. Wie viele Firmen haben Zugang zu schnellem Internet? 4. Zuständigkeit für den Schutz der Daten; 5. Wie stark ist / wird die Datensicherheit durch Schadprogramme bedroht? 6. Wie hoch ist die Schadstoffbelastung in Arbeitsräumen? 7. Der wachsende Anteil älterer Arbeitnehmerinnen und Arbeitnehmer in allen Berufsgruppen; 8. Wie hoch sind die Ausgaben deutscher Firmen für Forschung und Entwicklung? / Wie viel geben deutsche Firmen für Forschung und Entwicklung aus?

2 **Parameter und Quelle nennen**

1 1. Zeitangaben, 2. Zeiträume, 3. Prozentzahlen, 4. Zahlen, 5. Ortsangaben

2 **Grafik 2**: vorliegende, 2015, 2019, Deutschen, einmal pro Woche, stammen aus dem Fahrrad-Monitor Deutschland 2019;

a+b **Grafik 3**: Lösungsvorschläge: Das (vorliegende) Balkendiagramm aus der Shell Jugendstudie 2019 zeigt, welchen Schulabschluss deutsche Schüler/-innen anstrebten, und zwar für die Jahre 2002, 2010 und 2019. ODER: Das (vorliegende) Balkendiagramm informiert über die angestrebten Schulabschlüsse deutscher Schüler/-innen für die Jahre 2002, 2010 und 2019. Die Daten / Informationenstammen aus der Shell Jugendstudie 2019.

Grafik 4: Lösungsvorschläge: Das (vorliegende) Kurvendiagramm zeigt für den Zeitraum 2000 bis 2019, wie viele Arbeitnehmerinnen und Arbeitnehmer in Deutschland / wie viele Deutsche mehr als einen Job hatten. Die Angaben sind / erfolgen in Millionen und stammen von der Hans-Böckler-Stiftung (IAB 2019). ODER: Das (vorliegende) Kurvendiagramm von der Hans-Böckler-Stiftung (IAB 2019) stellt für den Zeitraum 2000 bis 2019 die Anzahl der Arbeitnehmerinnen und Arbeitnehmer in Deutschland / die Anzahl der Deutschen dar, die mehr als einen Job hatten. Die Angaben sind / erfolgen in Millionen.

3 **Der Umgang mit Prozentzahlen**

1 1f drei von vier AutofahrerInnen, 2c zwei Drittel der Hochschulen, 3a die Hälfte der ArbeitnehmerInnen, 4d jeder vierte Unfall, 5b ein Drittel der Studierenden, 6e jeder fünfte Obstbaum

2 1+5b etwa die Hälfte, 3c knapp ein Viertel, 2d fast jeder dritte ..., 1e fast jeder zweite ..., 2f weniger als ein Drittel

3 1. gut ein Viertel / mehr als jeder vierte ..., 2. etwa zwei Drittel / etwa zwei von drei, 3. knapp / fast ein Fünftel / fast jeder fünfte ..., 4. gut ein Drittel / mehr als jeder dritte ..., 5. fast / knapp die Hälfte / fast jeder zweite ...

4a 1. Etwa 20 % der Deutschen / der deutschen Bürger schauen wenigstens einmal pro Woche Serien und Filme über Streaming-Anbieter. 2. 20 % der Deutschen sind wenigstens einmal im Monat ehrenamtlich engagiert und 33 % von ihnen leisten nachbarschaftliche Hilfe. 3. 66 % der Ostdeutschen gehen niemals in die Kirche. Im Westen sind es nur 33 %.

4b Lösungsvorschläge: **Grafik 1**: 2. 81 % der Deutschen / von ihnen nutzen gern / regelmäßig / mindestens einmal pro Woche das Internet. 3. Zwei Drittel der Deutschen / zwei von drei Deutschen lesen gern / ... die Zeitung. 4. Deutlich mehr als die Hälfte der Deutschen trinkt gern Kaffee und isst Kuchen (dazu). ODER: 56 % der Deutschen trinken ... und essen ...; **Grafik 2**: 1. 84 % der Deutschen musizieren nie / nicht. 2. Drei Viertel der Deutschen / Drei von vier Deutschen handarbeiten nie / nicht. 3. Zwei Drittel der Deutschen / Zwei von drei Deutschen gehen nie / nicht ins Museum. 4. Gut / Über die Hälfte der Deutschen geht nie / nicht auf den Flohmarkt. ODER: 53 % der Deutschen gehen ...

5 Lösungsvorschläge: 2. Zwei Drittel der Menschen mit höherer Bildung nutzen ein Smartphone. Nur 45 % der Menschen mit geringer Bildung nutzen eins. 3. Knapp / fast 60 % der Stadtbewohner nutzen ein Smartphone. Gut die Hälfte der Landbewohner nutzt eins. 4. Jeder zweite Ostdeutsche / Die Hälfte der Ostdeutschen nutzt ein Smartphone. Fast 60 % der Westdeutschen nutzen eins. 5. Über / Gut 60 % der Männer nutzen ein Smartphone. Gut / Etwa die Hälfte der Frauen nutzt eins.

4 **Informationen vergleichen und ein Fazit ziehen**

1a Die beiden vorliegenden Grafiken **stellen** die **Größe der Privathaushalte** in Deutschland für **1991** und **2019** dar. Sie zeigen jeweils den Anteil **der Haushalte** mit **ein**, zwei, **drei** und **vier oder mehr** Personen. Die Daten stammen **vom Statistischen Bundesamt, 2020**.

1b ... Demgegenüber ...; ... Während ...; dagegen ...

2 1. 90 % der Schweden sprechen mindestens eine Fremdsprache. Demgegenüber können das nur 79 % der Deutschen / sprechen nur 79 % der Deutschen eine. 2. 90 % der Dänen sprechen mindestens eine Fremdsprache, dagegen / hingegen können / sprechen nur 38 % der Briten eine. 3. Jeder zweite Luxemburger / die Hälfte der Luxemburger spricht drei oder mehr Fremdsprachen, aber nur 5 % der Italiener sprechen so viele Sprachen. 4. Während 40 % der Finnen drei oder mehr Fremdsprachen sprechen, kann nur jeder zehnte Deutsche so viele Sprachen. / gilt das nur für jeden zehnten Deutschen. 5. Etwa so viele / Genauso viele Polen wie Griechen sprechen eine oder mehrere Fremdsprachen. 6. Doppelt so viele Österreicher wie Ungarn, nämlich / und zwar 84 %, sprechen eine oder mehrere Fremdsprachen.

3 Lösungsvorschläge: 2. Zwei Drittel der Menschen mit höherer Bildung nutzen ein Smartphone, während nur 45 % der Menschen mit geringer Bildung eins nutzen. 3. Knapp / fast 60 % der Stadtbewohner nutzen ein Smartphone, aber auch gut die Hälfte der Landbewohner nutzt eins. 4. Jeder zweite Ostdeutsche / Die Hälfte der Ostdeutschen nutzt ein Smartphone. Demgegenüber nutzen

fast 60 % der Westdeutschen eins. 5. Über / Gut 60 % der Männer nutzen ein Smartphone, während nur gut / etwa die Hälfte derFrauen eins nutzt.

4 **Tabelle 1:** Während im Jahr 1960 ein Landwirt nur 17 Menschen ernährte, konnte er im Jahr 2017 140 Menschen ernähren. **Tabelle 2:** 1960 produzierte ein Landwirt 3.200 kg Weizen pro Hektar. Dagegen waren es 2017 7.640 kg. Bei den Kartoffeln verdoppelte sich der Ertrag / die Produktion pro Hektar: 1960 waren es 23.000kg und 2017 waren es 46.780 kg.

5 1. Zusammenfassung, 2. Beschreibung, 3. Tendenz, 4. Folgerungen

6 **Grafiken 1+2** Lösungsvorschläge: Die Daten zeigen einen deutlichen Trend zu kleineren Haushalten. / Aus den Daten geht hervor, dass es heute mehr kleine Haushalte mit 1 oder 2 Personen gibt und gleichzeitig deutlich weniger große mit 3, 4 oder mehr Personen. **Tabellen 1+2** Lösungsvorschlag: Die vorliegenden Zahlen machen deutlich, dass die Produktivität in der deutschen Landwirtschaft in den letzten Jahrzehnten enorm / sehr stark gestiegen ist.

7 Lösungsvorschlag: Im Jahr 2000 gab es in Deutschland 15.251 kt Verpackungsmüll. 2017 waren es hingegen / dagegen / demgegenüber schon 18.737 kt. Der Verpackungsmüll setzt sich aus Papier-, Glas-, Kunststoff- und Metallmüll zusammen und bestand 2017 mit 8.349 kt zum größten Teil aus Papier. Dagegen / Demgegenüber waren die Anteile der anderen Materialien deutlich niedriger. Die Mengen an Glas und Kunststoffen waren mit ca. 3.000 kt etwa gleich groß, während der Müll aus Metall nur 640 kt umfasste / ausmachte. Die Daten zeigen also, dass der Verbrauch an Verpackungsmaterial deutlich gestiegen ist und dass hauptsächlich Papier zur Verpackung verwendet wird.

5 Beschreibung von statistischen Daten

1 1. Thema: Anteil der Skipisten, die künstlich beschneit wurden, Parameter: Alpenländer: It, A, Ch, Fr, D, Winter 2017, Quelle: von statista 2019; 2. die höchsten Werte: It – 87 %, A – 70 %, die niedrigsten Werte: FR – 32 % = ca. ein Drittel, D – 25 % = ein Viertel; 3. Fazit: vermutliche Gründe für unterschiedlich hohe Werte: It + A sind stärker betroffen vom Schneemangel, außerdem wirtschaftlich stärker abhängig vom Skitourismus als D + Fr, deshalb Schneesicherheit vermutlich überlebenswichtig

2 1. Einleitung, 2. Thema, Parameter, Quelle, 3. wichtige / auffällige Werte, 4. Fazit

3 Die konventionellen Energieträger leisteten 2019 noch einen großen Beitrag zur Stromversorgung. Den größten Anteil hatte hier die Kohle mit 30 %, also mit fast einem Drittel. Der Anteil von Erdgas lag bei 11 %. Zusammen lieferten die fossilen Energien also über 40 % unseres Stroms, während der Anteil von Kernenergie sich 2019 nur noch auf 13 % belief. 3 % stammten von sonstigen konventionellen Energieträgern. Insgesamt lag also der Anteil der konventionellen Energieträger 2019 bei 57 %, also bei deutlich mehr als der Hälfte der gesamten Stromversorgung.

4 1c, 2a, 3b, 4d
Die erneuerbaren Energien konnten ihren Anteil an der Stromversorgung zwischen April 2019 und April 2020 stark ausbauen. Er stieg in diesem Zeitraum von 43 % auf 52 %. Damit wird mehr als die Hälfte des Strombedarfs aus erneuerbaren Energien gedeckt. Den größten Anteil an der gesamten Stromversorgung hat inzwischen die Windenergie mit 29 %. Erst danach folgen die fossilen Energieträger, und zwar Kohle mit 21 % und Erdgas mit 13 %. Auch die Kernenergie liefert trotz der Abschaltung einiger Atomkraftwerke noch Strom. Der Anteil von Photovoltaik belief sich auf 10 %. Auf dem letzten Platz liegt Biogas mit 6 %. Ein Zehntel des Stroms stammt von sonstigen Energieträgern.
1g, 2e, 3f

5a 1. Thema: Anteil der Raucher, Exraucher und Nichtraucher, Parameter: Frauen + Männer, Deutschland, 2018, Quelle: aus dem Epidemiologischen Suchtsurvey 2018; 2. Männer: 26,4 % Raucher = etwa jeder Vierte, 27 % Exraucher = gut doppelt so viele, zusammen mehr als die Hälfte, d. h. 46,6 % Nichtraucher, Frauen: 20,2 % Raucherinnen = jede Fünfte, 23,5 % Exraucherinnen = mehr als doppelt so viele, d. h. 56,3 % Nichtraucherinnen; 3. Fazit: deutlich mehr Männer als Frauen rauchen und rauchten, mehr als die Hälfte der RaucherInnen haben mit dem Rauchen aufgehört, eine positive Entwicklung

5b Lösungsvorschlag: Dass Rauchen ungesund ist, muss man heute nicht mehr erklären, es steht auf jeder Zigarettenpackung. Durch viele weitere Maßnahmen versucht man, Menschen dazu zu bringen, mit dem Rauchen aufzuhören. Interessant ist deshalb die Frage, wie viele Raucher es heute noch in Deutschland gibt. Die Zahlen dazu liefert uns die vorliegende Grafik aus dem epidemiologischen Suchtsurvey 2018. Sie zeigt jeweils für Männer und Frauen getrennt, wie hoch der Anteil der RaucherInnen, ExraucherInnen und NichtraucherInnen 2018 war.
Bei den Männern lag der Anteil der Raucher bei 26,4 %, also etwa jeder vierte deutsche Mann rauchte 2018 noch. Etwa doppelt so viele, nämlich 27 %, hatten sich zu diesem Zeitpunkt das Rauchen schon abgewöhnt. Das heißt, weniger als die Hälfte der Männer, und zwar 46.6 %, hat nie geraucht. Für die Frauen sehen die Zahlen etwas anders aus: Mehr als die Hälfte der Frauen, also 56,3 %, hat nie geraucht. Jede fünfte Frau raucht aber heute noch und mehr als doppelt so viele, nämlich 23,5 %, hatten sich bis 2018 das Rauchen abgewöhnt.
Es wird also deutlich, dass mehr Männer als Frauen geraucht haben und rauchen. Die Daten zeigen aber auch eine positive Entwicklung: Mehr als die Hälfte der RaucherInnen hat inzwischen mit dem Rauchen aufgehört. Vielleicht sind die vielen Maßnahmen zur Raucherentwöhnung ja doch erfolgreich gewesen.

6 Entwicklungen und Trends beschreiben

1a **Tendenz**: fallend, rückläufig, steigend, positiv, negativ; **Quote**: hoch, niedrig, Arbeitslosen-, betragen, sich entwickeln; **Entwicklung**: nehmen, negativ, positiv, stagnieren, verlaufen, der Löhne

1b **Grafik 1**: 1. steigende / positive Tendenz, 2. Entwicklung nimmt, 3. stagniert; **Grafik 2**: 4. -quote, 5. eine fallende / negative Tendenz, 6. rückläufig, 7. verläuft

2 1. der Anstieg, 2. der Zuwachs, 3. die Zunahme, 4. die Erhöhung, 5. das Dreifache (= ein Ergebnis, eine Summe) / die Verdreifachung (= ein Prozess), 6. der Rückgang, 7. das Absinken, 8. die Hälfte (= ein Ergebnis, eine Summe) / die Halbierung (= ein Prozess)

3a **Steigende Umsätze bei Biolebensmitteln**
Als die ersten Biobauern in Deutschland ihre Produkte anboten, galten sie noch als exotische Außenseiter und man sah keinerlei ernstzunehmende Konkurrenz in ihrem Angebot. Inzwischen hat sich das deutlich verändert, denn der Umsatz mit Bioprodukten wächst seit 20 Jahren stetig. Ebenso können wir auch bei der Nachfrage eine kontinuierliche Zunahme beobachten. Während der Umsatz mit Biolebensmitteln im Jahr 2000 noch bei 2,1 Mrd. Euro lag, war er 2010 auf 6 Mrd. Euro angestiegen. Das ist eine Verdreifachung innerhalb von 10 Jahren. Bis 2015 erhöhte sich der Umsatz weiter von 6 auf 8,6 Mrd. Euro und bis 2018 stieg er erneut um fast 3 auf knapp 11 Mrd. Euro. Das ist noch einmal fast eine Verdoppelung in diesen 8 Jahren. Mit diesem Zuwachs hatte niemand gerechnet und es scheint, als sei die Entwicklung noch nicht an ihrem Ende angekommen.

3b Wie aus den vom Statistischen Bundesamt zusammengestellten Daten hervorgeht, zeigt die Zahl der ausländischen Studierenden an deutschen Hochschulen seit 2010 durchgehend eine steigende Tendenz. Während ihre Zahl 2010 mit 179.353 noch unter 200.000 lag, stieg / wuchs sie bis 2014 um mehr als 100.000 auf 301.350. In den folgenden vier Jahren sehen wir eine erneute Zunahme auf 374.583 / um gut 70.000. Zwischen 2010 und 2018 hat sich also die Anzahl der ausländischen Studierenden mehr als verdoppelt.

3c 1. Die Lebenserwartung der Deutschen ist im letzten Jahrhundert stark gestiegen. / Im letzten Jahrhundert hat die Lebenserwartung der Deutschen stark zugenommen. 2. Die Lebenserwartung der Frauen stieg zwischen 1900 und 2018 von 44 Jahren auf 83 Jahre, also fast auf / um das Doppelte. / Zwischen 1900 und 2018 erhöhte sich die Lebenserwartung der Frauen fast auf / um das Doppelte, nämlich von 44 Jahren auf 83 Jahre.

4a **Immer weniger Hauptschulen in Deutschland**
Während vor einigen Jahrzehnten die meisten Ausbildungsberufe noch mit einem Hauptschulabschluss erlernt werden konnten, brauchen die Jugendlichen heute meistens einen Realschulabschluss oder sogar das Abitur dafür. Die Daten des Statistischen Bundesamtes 2020 zeigen eine stark fallende Tendenz bei der Zahl der Hauptschulen. 2008 gab es noch 4.383 Hauptschulen in Deutschland. Bis 2013 sank ihre Zahl um etwa 25 % auf 3.193. Dieser starke Abwärtstrend setzte sich auch in den folgenden Jahren fort: Bis 2018 fiel die Zahl der Hauptschulen auf 2.112. Das ist tatsächlich eine Halbierung innerhalb von 10 Jahren. Grund für diesen dramatischen Rückgang sind die ebenfalls stark rückläufigen Zahlen der HauptschülerInnen.

4b Wie schnell sich die Kommunikationswege, die durch die neuen Medien möglich werden, auch wieder verändern, zeigen die Daten von der Bundesnetzagentur, Jahresbericht 2017 und 2019. Während 2012 noch fast 60 Mrd. SMS verschickt wurden, fiel die Zahl dieser Kurznachrichten bis 2014 auf 22,3 Mrd. Das ist ein dramatischer / enormer Rückgang um mehr als die Hälfte innerhalb von zwei Jahren. Bis 2016 halbierte sich die Zahl noch einmal und lag dann bei 12,7 Mrd. Bis 2018 sank sie nur noch leicht auf 8,9 Mrd.

4c 1. Die Raucherquote bei erwachsenen Männern sank / fiel zwischen 1995 und 2018 stark, nämlich fast um die Hälfte / um fast die Hälfte auf 22,2 %. / Zwischen 1995 und 2018 ging die Raucherquote bei erwachsenen Männern enorm zurück, und zwar um fast die Hälfte auf 22,2 %. 2. Die Arbeitslosenquote in Deutschland sank / fiel von 1998 bis 2018 stark von 11,1 % auf 5,2 %, also auf weniger als die Hälfte. / Von 1998 bis 2018 ging die Arbeitslosenquote in Deutschland deutlich von 11,1 % auf 5,2 % (zurück), also auf weniger als die Hälfte, (zurück).

5 1. Von 2018 bis 2019 stieg / wuchs der Anteil der erneuerbaren Energien an der Stromerzeugung leicht von 40,2 % auf 46 %. 2. Zwischen 1997 und 2017 stiegen / erhöhten sich die öffentlichen Bildungsausgaben (je Einwohner) in Deutschland von 934 € auf 1613 € (je Einwohner). 3. Im Zeitraum von 2010 bis 2018 sank der Umsatz mit Computer- und Videospielen in Deutschland von 1,6 Mio. € auf 1,1 Mio. €. 4. Von 2000 bis 2017 sank der jährliche Fleischkonsum pro Kopf in Deutschland nur unwesentlich von 61 kg auf 59,7 kg. 5. Der Anteil der Menschen (in Deutschland), die Impfungen (in Deutschland) befürworten, stieg / wuchs / erhöhte sich zwischen 2012 und 2018 (stark) von 37 % auf 58 %. 6. Die (An)Zahl der Menschen, die Geld für gute Zwecke spenden, sank von 2015 bis 2019 (deutlich) von 18,4 Millionen auf 15,7 Millionen.

6a Von 2010 bis 2012 ist die Zahl der Staus auf deutschen Autobahnen von 185.000 auf 285.000 gestiegen / gewachsen. Auch zwischen 2012 und 2014 ist sie um fast 200.000 gewachsen / gestiegen und lag dann bei 475.000. Bis 2016 hat sie nochmal deutlich / stark zugenommen, und zwar auf 694.000. Bis 2018 gab es dann nur noch eine leichte Zunahme um etwa 50.000. Über den gesamten Zeitraum hat sich die Zahl der Staus also dramatisch / enorm erhöht, und zwar etwa auf das Vierfache.

6b Lösungsvorschlag: Die Deutschen reisen sehr gerne in andere Länder, aber inzwischen kommen immer mehr ausländische Touristen auch gerne nach Deutschland. Die Grafik vom Statistischen Bundesamt 2020 liefert die Übernachtungszahlen ausländischer Gäste in deutschen Hotels und Pensionen zwischen 2009 und 2019. Während es 2009 54,9 Millionen Übernachtungen von ausländischen Gästen gab, stieg diese Zahl bis 2014 schon um etwa 20 Millionen auf 75,6 Millionen und wuchs in den folgenden fünf Jahre noch einmal deutlich auf 89,9 Millionen. Insgesamt ist / war das innerhalb von 10 Jahren ein Zuwachs um mehr als 30 %.

7a Während 2010 noch jährlich 4,4 Millionen überregionale deutsche Tageszeitungen verkauft wurden, sank die Anzahl bis 2015 auf 3,2 Millionen, also etwa um ein Viertel. Bis 2019 hatte sie sich sogar halbiert und lag bei 2,2 Millionen. Dieser Abwärtstrend soll sich laut Prognose fortsetzen und die Zahl der verkauften Tageszeitungen bis 2025 auf 1,4 Millionen sinken / zurückgehen. Das wären dann nur noch 25 % im Vergleich zu 2010 und ein Rückgang um drei Viertel.

7b Lösungsvorschlag: Allerdings ist deren Zahl innerhalb der letzten 30 Jahre sehr stark zurückgegangen. Während es 1990 noch 2,87 Millionen Sozialwohnungen gab, ging die Zahl bis 2000 schon leicht auf 2,58 Millionen zurück und sank danach bis 2010 fast um eine ganze Million auf 1,63 Millionen. Bis 2020 zeigt sich erneut ein deutlicher Rückgang: Es gab nur noch 1,07 Millionen günstige Sozialwohnungen. Insgesamt sind das fast zwei Drittel weniger als 1990.

8a Lösungsvorschlag: Im Zeitraum von 1990 bis 2000 sank die Zahl der Kinder pro Frau von 1,45 auf 1,38 und dann bis 2005 noch einmal auf 1,34. Ab 2005 dagegen gibt es eine Trendwende und die Zahl der Kinder pro Frau steigen bis 2010 auf 1,39 und bis 2015 noch einmal deutlich auf 1,5. 2018 lag sie schließlich bei 1,57. Insgesamt sieht man also eine deutliche Erhöhung der Geburtenziffer innerhalb der letzten 30 Jahre.

8b Lösungsvorschlag: Für die deutschen Hochschulen ist das eine gute Nachricht: Immer mehr junge Menschen wollen studieren. Das zeigen die Daten der folgenden beiden Grafiken vom Statistischen Bundesamt. Sie stellen die Zahlen der deutschen und ausländischen Studierenden für die Jahre 2014 und 2018 dar, einmal in ganzen Zahlen und einmal in Prozent.
Im Zeitraum von vier Jahren, nämlich von 2014 bis 2018, stiegen sowohl die Zahlen der deutschen Studierenden von 2,3 Millionen auf 2,4 Millionen als auch die Zahlen der ausländischen Studierenden, und zwar sehr deutlich von etwa 300.000 auf ca. 375.000. Wenn man diese Zahlen in Prozenten darstellt, wird deutlich, dass die Zahl der deutschen Studierenden zwar gestiegen, ihr Anteil aber leicht von 88,5 % auf 86,8 % gesunken ist. Der Anteil der ausländischen Studierenden ist hingegen gestiegen, nämlich von 11,5 % auf 13,2 %. Der Zuwachs bei den ausländischen Studierenden war also prozentual stärker als bei den deutschen.
Daraus können wir schließen, dass deutsche Hochschulen in diesem Zeitraum bei ausländischen Studierenden sehr attraktiv waren, vielleicht auch, weil das Studienangebot meistens kostenlos ist.

7 Eine Grafik interpretieren

1a Text 1: Grafikbeschreibung; Text 2: Grafikinterpretation

1b 1d, 2f, 3b, 4a, 5e, 6c

1c 1. was bedeutet, 2. so dass, 3. folglich, 4. ist der Grund dafür, 5. folglich

1d 1. Infolge, 2. heißt, 3. bewirkt, 4. Also / Deswegen, 5. deswegen / also

2a 1. 16 % selten oder nie; 55 % / über die Hälfte mindestens einmal wöchentlich; 29 % / knapp 30 % sogar mindestens einmal täglich; insgesamt also: 84 % der Eltern lesen regelmäßig vor; 2. Lösungsvorschläge: **oft vorlesen**: Interesse für Bücher wird geweckt; Wortschatz der Kinder erweitert sich; emotionale Zuwendung tut gut; Gesprächsthemen bieten sich an; **nicht oft vorlesen**: sprachliche Entwicklung wird nicht gefördert; Interesse für Bücher entwickelt sich nicht

2b 1. Wie aus der Grafik von Stiftung Lesen 2019 hervorgeht, lesen nur 16 % der Eltern ihren Kindern nie oder selten vor. Sehr viele Eltern tun es also regelmäßig: über die Hälfte mindestens einmal oder sogar mehrmals die Woche und 30 % sogar täglich oder mehrmals täglich. 2. Das sind gute Nachrichten, denn für die Kinder bedeutet das Vorlesen an erster Stelle, dass die Eltern sich liebevoll mit ihnen beschäftigen, so dass ihre emotionale Entwicklung positiv beeinflusst wird. Aber darüber hinaus führt das gemeinsame Lesen auch dazu, dass ihre Konzentrationsfähigkeit und ihre Phantasie angeregt werden. Vor allem bewirkt es natürlich eine enorme Erweiterung ihres Wortschatzes. Infolgedessen können Kinder, denen regelmäßig vorgelesen wurde, meistens früher und besser sprechen und lernen auch das Lesen leichter.

3a 1. **Prognose SchülerInnen-Zahlen**: bis 2025/26 Anstieg von 2,9 Mio. auf 3,2 Mio., bis 2010/31 nur leichter Rückgang auf 3,1 Mio.; insgesamt innerhalb von 10 Jahren ca. 250 000 Schülerinnen und Schüler mehr; **Prognose fehlende Lehrkräfte**: bis 2025/26 werden ca. 18 000 Lehrkräfte zusätzlich benötigt, leichter Rückgang bis 2030/31 auf ca. 15 000 Lehrkräfte zusätzlich;
2. Lösungsvorschläge: starker Lehrkräftemangel / zu wenig gut ausgebildete Lehrkräfte zur Verfügung; Folgen: größere Klassen, Stunden fallen aus, weil keine Krankheitsvertretungen, schlechtere Betreuung der Kinder, vor allem schwächere Kinder werden nicht mehr gefördert, Lehrerinnen und Lehrer sind überlastet und demotiviert

3b **Punkt 1** Lösungsvorschlag: Die Daten stammen von der Bertelsmann Stiftung 2019 und zeigen jeweils für 2020/21 bis 2030/31 eine Prognose zur Entwicklung der SchülerInnen-Zahlen an deutschen Grundschulen und zur Zahl der fehlenden Lehrkräfte an den Grundschulen. Die SchülerInnen-Zahlen an Grundschulen werden in diesem Zeitraum drastisch steigen, und zwar / nämlich bis 2030/31 um etwa 250 000. Dadurch entsteht natürlich ein stark erhöhter Bedarf an Lehrkräften, und zwar braucht man schon innerhalb der nächsten fünf Jahre, also bis 2025/26, 18 000 Lehrerinnen und Lehrer mehr. Es wird sehr schwer sein, so viel gut qualifiziertes Lehrpersonal in diesem relativ kurzen Zeitraum zu finden.
Punkt 2 Lösungsvorschlag: Das bedeutet, dass sehr viele freie Stellen für Lehrkräfte oft nicht besetzt werden können. Dadurch werden viele Stunden ausfallen, vor allem wenn Lehrerinnen und Lehrer krank werden. Lehrkräftemangel wirkt sich immer sehr negativ auf die schulischen Leistungen von Kindern aus. Besonders stark gilt das für jüngere Schülerinnen und Schüler sowie Schulanfänger, denn sie brauchen noch einen engen Kontakt zu ihren Lehrerinnen und Lehrern und viel persönliche Zuwendung. In den größeren Gruppen, die infolge des Lehrkräftemangels entstehen werden, wird dies kaum möglich sein. Vor allem schwächere Kinder werden darunter leiden, denn sie können in größeren Gruppen kaum gefördert werden.

4 Lösungsvorschlag: Aus der Grafik von You Gov / statista geht hervor, dass nur 20 % der Befragten den E-Scooter als ein ernstzunehmendes, umweltfreundliches Fortbewegungsmittel ansehen. Etwas mehr als die Hälfte würde ihn nur zum Vergnügen benutzen. Daraus kann man schließen, dass der E-Scooter bis jetzt noch kein sehr häufiges Fortbewegungsmittel ist. Er ist auch in der öffentlichen Diskussion noch sehr umstritten. Viele Leute fühlen sich gestört durch die E-Scooter, weil sie nicht etwa auf der Straße, sondern häufig auf den Fußwegen fahren. Das kann zu Unfällen oder mindestens zu Konflikten mit Fußgängern führen. Wer es also wirklich eilig hat, wird sicherlich nicht den E-Scooter wählen, denn man kommt so nicht sehr schnell voran. Vorteile hat ein E-Scooter für alle diejenigen, die viel Zeit haben und nicht unbedingt pünktlich am Ziel sein müssen. Das können zum Beispiel Touristen sein, die in Ruhe eine Stadt besichtigen möchten und auf diese Weise doch noch schneller sind als zu Fuß. Für sie und für andere Leute, die eher zum Spaß unterwegs sind, ist ein E-Scooter ein praktisches und dazu noch umweltfreundliches Verkehrsmittel.

5 2. Quelle, 3. nur zusammenfassen, 4. Fragestellung, 5. Gründen / Ursachen, 6. Ursachen / Gründen, 7. Folgen, Auswirkungen, Konsequenzen, 8. erklären, 9. begründen

8 Wiederholung: Statistische Daten und Grafiken

1a Checkliste: 1. Elemente, die gebraucht werden; 2. kurze Notizen; Thema der Grafik; Parameter + Quelle; wichtige, auffallende Werte; Fazit, kurze Zusammenfassung; 3. den Textaufbau

1b Thema der Grafik: wie viele Buchkäufer es gab; Parameter + Quelle: ohne Schul-und Fachbücher, 2010 bis 2019; in Millionen; GfK Consumer Panel Media*Scope Buch 2020; wichtige, auffallende Werte: 2010 bis 2012 leichter Anstieg von knapp 36 Millionen auf knapp 37 Millionen, danach bis 2019 (fast) kontinuierlicher Rückgang auf 28,8 Millionen im Jahr 2019; Fazit: seit 2012 ein kontinuierlicher Rückgang der Buchkäufe um etwa 20 Prozent

2a Lösungsvorschlag: 1. Das vorliegende Torten- / Kreisdiagramm aus dem Ernährungsreport 2019 zeigt, wie oft die Deutschen selber kochen. 40 % kochen tatsächlich täglich, weitere 37 % immerhin zwei- bis dreimal die Woche und 8 % einmal pro Woche. Nur 15 % der Deutschen kochen selten oder nie.
2. Die Daten aus dem Ernährungsreport 2019 zeigen, wie oft die Deutschen selber kochen. Daraus geht hervor, dass immerhin gut drei Viertel von ihnen täglich oder mindestens zwei- bis dreimal die Woche kochen. Nur 15 % kochen selten oder nie.

2b Lösungsvorschlag: 1. Die Daten aus dem Ernährungsreport 2019 stellen jeweils für Männer und Frauen dar, wie hoch der Anteil derjenigen ist, die mindestens einmal pro Woche im Restaurant oder in der Kantine essen oder einen Lieferdienst nutzen. Es zeigt sich, dass Männer im Unterschied zu Frauen wesentlich häufiger außer Haus essen. Jeder vierte geht mindestens einmal pro Woche in die Kantine, während nur 13 % der Frauen, also etwa halb so viele, diese Möglichkeit nutzen. Ähnlich sind die Zahlen für Restaurants: Während 24 % der Männer mindestens einmal pro Woche dort essen, sind es nur 14 % der Frauen. Lieferdienste sind dagegen bei beiden Geschlechtern relativ unbeliebt: Nur 6 % der Männer und 5 % der Frauen bestellen dort.
2. Die Daten des Ernährungsreports 2019 zeigen, dass Männer doppelt so oft im Restaurant essen wie Frauen und auch wesentlich häufiger zum Essen in die Kantine gehen. Insgesamt nutzt jeweils etwa jeder vierte Mann diese beiden Möglichkeiten. Lieferdienste werden von beiden Geschlechtern selten genutzt.

3a Lösungsvorschlag: Im Ernährungsreport 2019 ergab die Umfrage zur richtigen Lösung für die Ernährung einer wachsenden Bevölkerung, dass über 80 % der Befragten die Reduzierung von Lebensmittelabfällen und fast drei Viertel von ihnen die Reduzierung des Fleischkonsums als Lösung sehen. Weitere Vorschläge z. B. zur Produktivitätssteigerung oder zu neuen Formen der Landwirtschaft / alternativen Fleischarten werden sehr viel seltener genannt. Das bedeutet, dass die meisten Menschen eine Lösung des Ernährungsproblems in erster Linie in ihrem eigenen Verhalten suchen, während sie nicht so viel von Zukunftsversprechen halten, die bisher nicht verwirklicht wurden. Das eigene Verhalten kann man dagegen beeinflussen und nachprüfbare Effekte erzielen.

3b Lösungsvorschlag: Immer häufiger reicht offensichtlich bei deutschen ArbeitnehmerInnen ein Gehalt nicht, um den Lebensunterhalt für sich und ihre Familien zu sichern. Das zeigen die Daten der vorliegenden Grafik von IAB-Arbeitszeitrechnung deutlich. Man kann ihr entnehmen, dass sich die Zahl der Arbeitnehmerinnen und Arbeitnehmer, die neben ihrer Hauptbeschäftigung einen zweiten Job hatten, im Zeitraum von 2003 bis 2019 von 1,7 Millionen auf fast 4 Millionen mehr als verdoppelt hat. Ein wichtiger Grund für diese Entwicklung könnten die niedrigen Löhne in manchen Berufsgruppen sein. So verdienen z. B. Paketboten oder angestellte Friseure / innen oft so wenig, dass sie zusätzlich arbeiten müssen. Auch unfreiwillige Teilzeitarbeit kann dazu führen, dass man sich einen zweiten Job sucht, um seinen Lebensunterhalt zu sichern. Es ist also eine alarmierende Entwicklung, die wir hier sehen, und man sollte sich ziemlich schnell überlegen, wie man den Trend zum Zweitjob stoppen kann.

4a Lösungsvorschlag: Die Grafik vom GfK Consumer Panel Media*Scope Buch von 2020 zeigt für den Zeitraum 2010 bis 2019, welchen Anteil E-Books am Umsatz des deutschen Buchhandels haben. Während er 2010 noch bei 0,5 % lag, stieg er innerhalb der folgenden drei Jahre auf 3,9 %, also fast auf das Achtfache. In den folgenden Jahren wuchs der Umsatzanteil von E-Books dann aber sehr viel langsamer. 2016 lag er bei 4,6 % und 2019 bei 5 %.
In den gezeigten neun Jahren hat sich zwar der Anteil von E-Books am gesamten Umsatz verzehnfacht. Allerdings bleibt er trotz dieser starken Steigerung relativ gering: 95 % des Umsatzes werden immer noch mit traditionellen Büchern und anderen Produkten des Buchhandels gemacht.

4b Lösungsvorschlag: In Zeiten eines sehr vielfältigen Medienangebots hat das Interesse an Büchern zum Glück nicht nachgelassen, und es werden noch immer viele Bücher gekauft. Auch ausländische Literatur ist in Deutschland weiterhin gefragt. Das ergibt sich aus den Daten der vorliegenden Grafik der Deutschen Nationalbibliografie, VLB, und des Börsenvereins des deutschen Buchhandels, 2020. Sie zeigt für den Zeitraum von 2009 bis 2019, wie viele Bücher ins Deutsche übersetzt wurden. Von 2009 bis 2013 kann man einen leichten Anstieg der übersetzten Titel von 10.599 auf 10.731 beobachten. Danach zeigt die Kurve insgesamt eine leicht fallende Tendenz. 2015 lag die Zahl bei 9.454, fiel dann aber nach einem leichten Anstieg auf 9.802 im Jahr 2019. Die meisten Bücher, nämlich 6.013, wurden aus dem Englischen übersetzt. Mit großem Abstand folgt französische Literatur mit 1.047 Titeln. Den dritten Platz, knapp nach Französisch, belegen erstaunlicherweise japanische Bücher mit 1.017 neu übersetzten Titeln, während die Zahlen auf den Plätzen vier und fünf sehr viel niedriger sind: 243 Bücher wurden aus dem Italienischen übersetzt und 207 aus dem Norwegischen. Trotz des leichten Rückgangs innerhalb von zehn Jahren lässt sich aus der gesamten Entwicklung ein stabiles Interesse an nicht-deutscher Literatur ablesen.

5a Lösungsvorschlag: Die Daten der ABDA – Bundesvereinigung Deutscher Apothekerverbände e. V. 2019 zeigen deutlich, dass fast alle rezeptpflichtigen Medikamente in öffentlichen Apotheken gekauft werden. Bei den rezeptfreien Medikamenten und Nichtarzneimitteln haben Online-Apotheken immerhin einen Anteil von 18 %, der Rest wird ebenfalls in öffentlichen Apotheken gekauft. Vermutlich vertrauen Patienten, wenn sie wirklich krank sind, den öffentlichen Apotheken mehr. Sie erwarten dort z. B. keine gefälschten oder verunreinigten Medikamente und sind dankbar für die persönliche Beratung. Bei rezeptfreien Medikamenten und sonstigen Produkten, die man in der Apotheke kaufen kann, sind dann die teilweise günstigeren Preise der Online-Apotheken attraktiv und vielleicht auch die Tatsache, dass man jederzeit von zu Hause aus einkaufen kann.

5b Lösungsvorschlag: Die Grafik von statista von 2019 zeigt, dass viele Deutsche digitalen Angeboten im medizinischen Bereich misstrauisch gegenüberstehen und sie nicht so häufig nutzen. Das gilt selbst für Angebote, die keine direkte medizinische Behandlung umfassen. Nur gut die Hälfte der Deutschen würde online einen Termin ausmachen, 41 % würden sich online ein Rezept ausstellen lassen. Noch viel weniger Leute würden echte medizinische Leistungen online in Anspruch nehmen. Nur etwa jeder Fünfte würde eine Online-Sprechstunde nutzen und sogar nur 9 % die sogenannte Telemedizin, also eine digitale Fernuntersuchung.
Dass die Menschen so zurückhaltend gegenüber diesen Angeboten sind, hat vielleicht auch damit zu tun, dass es in Deutschland generell nicht so eine starke Begeisterung für digitale Serviceleistungen gibt. Auch dem Online-Banking gegenüber sind viele Deutsche misstrauisch. Sie bezahlen z. B. immer noch sehr gerne bar. Medizinische Angebote betreffen die Intimsphäre der Menschen und deshalb sind viele hier besonders zurückhaltend. Außerdem schätzen die meisten Patienten die ganz persönliche Ansprache ihres Arztes. Das ist oft ein langjähriges Vertrauensverhältnis, und sie können sich vermutlich nicht vorstellen, dass das auch über einen Bildschirm entstehen und aufrechterhalten werden kann.

9 Begriffe definieren und die Textquelle nennen

1 1. man, wenn; 2. versteht; 3. beschreiben; 4. zwischen … unterscheiden; 5. vor, wenn; 6. bezeichnet

2 1. Unter einem Start-up versteht man eine kürzlich gegründete Firma mit einer innovativen Geschäftsidee. 2. Eine differenzierte Sichtweise bedeutet, dass man etwas genau und detailliert betrachtet und es nicht pauschal beurteilt. 3. Als Randgruppe bezeichnet man eine Gruppe von Menschen, die nur unvollständig in die Gesellschaft integriert ist. 4. Das Medianeinkommen wird definiert als das mittlere Nettoeinkommen aller Haushalte eines Landes. 5. Eine Pandemie liegt vor, wenn sich eine Infektionskrankheit weltweit ausbreitet. 6. Von Spracherwerb spricht man, wenn eine Sprache unbewusst und in natürlicher Umgebung, z. B. durch soziale Kontakte, erlernt wird und nicht auf bewusste, gesteuerte Art wie z. B. in der Schule.

3 Unter UNESCO-Weltkulturerbe versteht man Gebäude, Gebäudeensembles und Denkmäler, die einen außergewöhnlichen, universellen Wert haben. Die Voraussetzungen, auf die Weltkulturerbeliste gewählt zu werden, liegen vor, wenn eine Stätte / ein Gebäude authentisch, also historisch echt, und unversehrt ist. Von den Kulturerbestätten muss man die Naturerbestätten unterscheiden.

4a 1. laut; 2. zufolge; 3. hervorgehen

4b 2. gemäß dem Einwanderungsgesetz der BRD; 3. laut dem Sprecher der Bundeskanzlerin / dem Sprecher der Bundeskanzlerin zufolge; 4. aus der Grafik zur Arbeitslosigkeit geht hervor; 5. der Studie zur Diskriminierung am Arbeitsplatz zufolge / aus der Studie … geht hervor; 6. laut dem Artikel aus der Süddeutschen Zeitung vom 12.5.2018 / aus dem Artikel …. geht hervor; 7. laut dem Sprecher des Robert-Koch-Instituts; 8. den aktuellen Daten zur Arbeitslosigkeit zufolge; 9. entsprechend / gemäß den Beschlüssen der Landesregierung zu den Ladenöffnungszeiten; 10. aus der Studie der Bertelsmann-Stiftung zum digitalen Unterricht geht hervor / der Studie …. zufolge

5 Lösungsvorschläge: 1. Laut dem Internationalen Währungsfonds wird die Wirtschaftsleistung durch die Corona-Pandemie um etwa 3 % im Vergleich zum Vorjahr zurückgehen. 2. Aus einer Studie des GeoForschungsZentrums Potsdam, in der mehr als 700 Berichte über ungewöhnliches Verhalten von Tieren bei Erdbeben ausgewertet wurden, geht hervor, dass es keinen Beweis für eine Art sechsten Sinn für Erdbeben bei Tieren gibt. 3. Gemäß dem Grundgesetz der Bundesrepublik Deutschland, Artikel 5, hat jeder das Recht, seine Meinung frei zu äußern und zu verbreiten, und zwar ohne Zensur. 4. Einer Studie der Universität Göteborg zufolge ist Singen im Chor gesund, weil sich die Herzfrequenz der Sänger einander angleicht, so dass ihr Puls synchron schlägt. Zudem produziert das Gehirn dabei stimmungsaufhellende Hormone und baut Stresshormone ab.

6a Einem Forscherteam vom Wissenschaftszentrum Berlin und der Universität Erlangen-Nürnberg zufolge versteht man unter „Prekariat" eine gesellschaftliche Gruppe, die zwar nicht arbeitslos und damit völlig abgehängt ist, aber weder einen festen Job noch stabile Lebensumstände hat. Sie arbeiten häufig als Leiharbeiterinnen und Leiharbeiter, als Solo-Selbständige oder haben befristete Jobs. Wie aus der Studie hervorgeht, waren in Deutschland mehr als 12 Prozent der Erwerbstätigen davon betroffen.

6b Lösungsvorschlag: Laut der International Ecotourism Society versteht man unter Ökotourismus eine Art des nachhaltigen Reisens, bei der die negativen Auswirkungen auf Mensch und Umwelt möglichst gering gehalten werden. Projekte zu umweltverträglichen Formen von Tourismus sind sowohl in Regionen Europas wie den Alpen als auch in Tourismusregionen wirtschaftlich schwächerer Länder gefragt. Dort haben sie noch eine stärkere soziale Komponente, denn sie sollen nicht nur den Schutz der natürlichen Ressourcen und der Umwelt ermöglichen, sondern auch ein Einkommen für die einheimische Bevölkerung sichern und deren Lebensqualität steigern.

10 **Texte gliedern und zusammenfassen**

1a 2, 5, evtl. 7 (wenn es zum grundlegenden Verständnis des Themas / der Situation beiträgt)

1b […] Die Forscher wollten eigentlich die Bodenbeschaffenheit des Amundsensees in der westlichen Antarktis untersuchen und waren bei einem Bohrkern vom Grund des Sees darauf aufmerksam geworden, dass die Erdschicht, die sie aus ca. 30 Metern Tiefe geholt hatten, eine ungewöhnliche Farbe aufwies. Weil sie sofort vermuteten, dass diese Erdschicht nicht im Meer, sondern an Land entstanden war, untersuchten sie das Sediment aus Schlamm und Lehm gründlich mit Hilfe eines Computertomografen. Dabei fanden sie ein dichtes Netzwerk aus Wurzeln, das durch die kalten Temperaturen hervorragend erhalten war. Selbst einzelne Zellstrukturen waren zu erkennen sowie Pollen und Sporen, die auf Farne, Moose und weitere typische Pflanzen aus Regenwäldern schließen ließen. Um herauszufinden, wie es möglich war, dass in einer Region, die heute nur noch für wenige Lebewesen bewohnbar ist, ein vielfältiges Ökosystem entstehen konnte, führten die Forscher weitreichende Untersuchungen durch, die ihnen Rückschlüsse auf die Durchschnittstemperaturen und die Niederschlagsmengen geben sollten. Daraus ergab sich ein ganz ungewöhnliches Bild der damals dort herrschenden Umweltbedingungen. Die jährliche Durchschnittstemperatur lag demnach mit etwa zwölf Grad Celsius sogar um zwei Grad höher als heute in Deutschland. Erstaunlich war auch die Niederschlagsmenge. Den Untersuchungen zufolge entsprach sie der heutigen in Wales, das heißt, es regnete in der Kreidezeit häufig und ergiebig in der Westantarktis.

Auch wenn man schon lange weiß, dass es in der Kreidezeit weltweit sehr viel wärmer war als heute, waren diese Ergebnisse für die Geologen doch sehr überraschend.

1c 1 A

1d 2. Das hat ein internationales Forschungsteam aus Geologen herausgefunden. 3. Sie haben einen Bohrkern aus der Westantarktis untersucht, der aus einer Tiefe von ca. 30 Metern stammte. Ihnen war die ungewöhnliche Farbe der Erdschicht aufgefallen, und sie waren der Meinung, dass diese Schicht nicht aus dem Meer stammen konnte. Deshalb wollten sie herausfinden, wie es möglich war, dass in der Westantarktis ein Regenwald wachsen konnte.

1e Fünf Jahre lang haben britische Ornithologen mehrere Flamingo-Gruppen in einem Naturschutzgebiet in England beobachtet. Dabei stellten sie fest, dass sich innerhalb der großen Gemeinschaften kleine Gruppen aus jeweils drei oder vier Tieren bildeten. In der Fachzeitschrift *Behavioural Processes* beschreiben die Forscher, dass die Tiere viel Zeit miteinander in diesen Kleingruppen verbrachten, die offensichtlich unabhängig vom Geschlecht entstanden. Es gab nämlich gemischte Gruppen, aber auch solche, die nur aus Weibchen oder nur Männchen bestanden. Deshalb vermuten die Wissenschaftler, dass die kleinen Gruppen nicht der Fortpflanzung dienen, sondern dass es um gegenseitige Unterstützung geht, z. B. bei der Futtersuche oder beim Schutz vor Raubtieren.

- Englische Ornithologen haben bei der jahrelangen Beobachtung von Flamingos festgestellt, dass die Tiere innerhalb der großen Gemeinschaft kleine Grüppchen bilden.
- Sie vermuten, dass es den Tieren nicht um die Fortpflanzung geht, sondern um gegenseitige Unterstützung, denn die Kleingruppen entstehen offensichtlich unabhängig vom Geschlecht.

2 a+b Das ist der Titel eines neu erschienenen Buchs des Neurowissenschaftlers Shane O'Mara. Darin befasst er sich mit den heilsamen Kräften des Spazierengehens, des Flanierens. Er preist die Vorzüge dieser Art des „Herumlaufens", die seiner Meinung nach sowohl den Körper als auch die Psyche betreffen, und fordert, dass man mindestens vier bis fünf Mal die Woche etwa 30 Minuten lang zügig gehen solle. (1)

Seiner Ansicht nach verbessert regelmäßiges Gehen die Gehirnaktivität spürbar, denn die Blutzirkulation im Hirn wird verstärkt. Wer viel gehe, sei besser gelaunt, und man vermutet, dass Menschen, die regelmäßig gehen, seltener an Depressionen leiden. Es beeinflusse auch die Alterung des Gehirns günstig und verbessere bei Senioren das Hören, das Sehen und die Reaktionszeit nachweislich. Diese Vorzüge gelten natürlich für jede Sportart, aber gehen können wir überall und brauchen nicht einmal eine besondere Ausrüstung dafür. (2)

Für O'Mara liegt allerdings der größte Gewinn dieser Bewegungsform darin, dass wir beim Gehen kreativer werden und Zusammenhänge leichter erfassen können. Er nennt Beispiele berühmter Geistesgrößen, wie z. B. Jean-Jacques Rousseau, der behauptete, nur im Gehen denken zu können, oder Steve Jobs, der „walking meetings" abhielt, und nicht zuletzt Immanuel Kant, der täglich um 15 Uhr seinen Spaziergang machte und danach immer schrieb. Das Gehen funktioniere am besten an der frischen Luft, weil das den Spiegel des Stresshormons Cortisol am stärksten senke.

O'Mara beschreibt einen Versuch, der zeigte, dass die Testpersonen, die vorher spazieren gegangen waren, wesentlich mehr Ideen hatten als die der Vergleichsgruppe. Beim Gehen würden die Gedanken sich einfach freier entfalten. (3)

Zu zweit zu gehen sei darüber hinaus eine soziale Übung, denn die beiden Spaziergänger würden automatisch in einen Gleichschritt fallen, ihre Atmung und die Herzfrequenz würden sich angleichen. Dadurch entsteht ein besonderes Gefühl der Verbundenheit. (4)

Allerdings würden wir heute viel zu wenig laufen, kritisiert O'Mara. Gerade in den Städten würde sich das Leben weitgehend in Innenräumen abspielen, nämlich in Gebäuden und Autos. Deshalb fordert er insgesamt mehr Fußgängerfreundlichkeit von Politikern und Stadtplanern, auch mehr Grünflächen und schöne Fußwege, damit die Menschen tatsächlich aus ihren vier Wänden herauskämen und gerne spazieren gingen. (5)

2b Lösungsvorschläge: 2. Gehen beeinflusst die Gesundheit positiv. 3. Auch unsere Kreativität und Denkfähigkeit verbessern sich beim Gehen / durch das Gehen. 4. Zu zweit zu gehen ist eine soziale Übung. 5. O'Mara fordert mehr Fußgängerfreundlichkeit in den Städten.

2c Als während der Corona-Epidemie im Frühjahr 2020 die Schulen in Deutschland geschlossen wurden, waren die meisten Eltern erstmals mit der Situation konfrontiert, ihre Kinder beim Online-Unterricht unterstützen und begleiten zu müssen. Um herauszufinden, welche Probleme bei dieser Art des Homeschooling auftraten, führte die Vodafone-Stiftung eine Umfrage durch, an der 1.067 Eltern teilnahmen. Sie veröffentlichte die Ergebnisse noch im April 2020. (1)

Daraus geht hervor, dass überhaupt nur 7 % der Kinder regelmäßig am täglichen digitalen Unterricht, der von ihren Schulen angeboten wurde, teilnahmen. 63 % der bildungsfernen Eltern befürchteten, dass ihre Kinder in dieser Zeit des Homeschooling den Anschluss verlieren würden. Bei Eltern mit hohem Bildungsabschluss teilten immer noch 45 % diese Befürchtung, Fast die Hälfte der bildungsfernen Eltern gab an, nicht die nötigen Kenntnisse zu haben, um ihre Kinder beim Online-Lernen zu unterstützen, während das nur 22 % der bildungsnahen Eltern äußerten. (2)

Alle Eltern aber stellten fest, dass ihre Kinder den Kontakt mit Freunden, Klassenkameraden und Lehrkräften vermissten.

Insgesamt fühlten sich die Eltern bei der Lernbetreuung ihrer Kinder stark unter Druck. Sie sahen sich bei der Bearbeitung der Unterrichtsmaterialien weitgehend auf sich selbst gestellt und vor allem die Eltern aus bildungsfernen Haushalten fühlten sich komplett überfordert und machten sich deshalb große Sorgen um die schulische Zukunft ihrer Kinder. (3)

Einhelligkeit bestand auch in dem Wunsch der Eltern nach einer besseren Organisation und mehr Unterstützung durch Schulen und Lehrkräfte. Es fehlten ihrer Meinung nach Beratungsangebote für Eltern und ein verbindlicher und verständlicher Lernplan. (4)
Lösungsvorschläge: 1. Umfrage der Vodafone-Stiftung zum Thema Homeschooling unter Eltern im Frühjahr 2020; 2. deutliche Unterschiede zwischen bildungsnahen und bildungsfernen Eltern bei einigen Themen; 3. weitgehend ähnliche Ergebnisse für alle Eltern bei emotionalen Themen; 4. gemeinsame Forderungen der Eltern an Schule und Lehrkräfte

2d 1. Bei einer Gliederung geht es darum, die Struktur des Textes, also seinen Aufbau, sichtbar zu machen, und nicht darum, wichtige einzelne Aussagen zu markieren. 2. Die Identifizierung der Hauptaussagen setzt voraus, dass man den Aufbau des Textes verstanden hat, und dient dazu, die wichtigsten Inhaltspunkte herauszuarbeiten.

3a Lösungsvorschläge: 2. • Starke Gefühle bzw. Erregung verändern unsere Zeitwahrnehmung. • Ausschüttung von Neurotransmittern schärft unsere Wahrnehmung, dadurch Erleben solcher Momente als sehr langsam. 3. • Momentane Zeitwahrnehmung und erinnerte Zeit stimmen nicht immer überein. • Zeitparadoxon: Schöne, aktive Zeiten erleben wir als kurz, im Rückblick aber als lang. 4. • Das Alter beeinflusst unsere Zeitwahrnehmung. • Für junge Menschen vergeht die Zeit schneller als für Menschen im mittleren Alter und Ältere.

3b 1. Faktoren; Lösungsvorschläge: 2. Starke positive oder negative Gefühle beeinflussen unsere Zeitwahrnehmung, weil der Körper dann Neurotransmitter ausstößt, die unsere Wahrnehmung schärfen und bewirken, dass wir gefühlsstarke Momente als sehr langsam erleben. Gefühle sind auch der Grund dafür, dass die momentane Zeitwahrnehmung und die erinnerte Zeit nicht immer übereinstimmen. 3. Man nennt das Zeitparadoxon, wenn wir einerseits die Zeit in schönen und aktiven Momenten als schnell erleben und derselbe Zeitraum uns im Rückblick als lang erscheint. Alter ist ein weiterer wichtiger Faktor, der unsere Zeitwahrnehmung beeinflusst. 4. Erst ab dem Alter von etwa 12 Jahren entwickeln Kinder überhaupt eine zeitliche Vorstellung vom Leben. Und dann vergeht für junge Menschen die Zeit viel schneller als für ältere, denn für sie ist noch alles neu und interessant, während Ältere viele Dinge als Routine und damit als uninteressant wahrnehmen. Für sie verfliegt die Zeit.

3c Lösungsvorschlag: Die Vodafone-Stiftung führte während der Corona-Pandemie im Frühjahr 2020 eine Umfrage unter Eltern zum Thema Homeschooling durch.
In den Ergebnissen zeigten sich teilweise deutliche Unterschiede zwischen bildungsnahen und bildungsschwachen Familien. Nur 7 % aller Kinder nahmen überhaupt am täglichen digitalen Unterricht teil, aber 67 % der bildungsfernen Eltern befürchteten, dass ihre Kinder den schulischen Anschluss verlieren würden. Bei den bildungsnahen Eltern teilten nur 45 % diese Angst. 22 % von ihnen gaben an, dass sie nicht die nötigen digitalen Kenntnisse zur Betreuung ihrer Kinder hätten, während das fast 50 % der bildungsfernen Eltern sagten.
Neben diesen teilweise unterschiedlichen Bewertungen waren sich die Eltern aber in einigen Punkten einig. Sie alle bemerkten, dass ihren Kindern der Kontakt zu Freunden und Lehrkräften fehlte, und alle Eltern fühlten sich bei der Lernbetreuung stark unter Druck bzw. die bildungsfernen Eltern sogar komplett überfordert.
Auch in ihren Forderungen zeigten die Eltern Einigkeit. Sie hätten sich eine bessere Organisation, mehr Unterstützung und Beratungsangebote für Eltern sowie einen verständlichen Lernplan gewünscht.

3d Lösungsvorschlag: Der Neurowissenschaftler Shane O´Mara hat unter dem Titel „Das Glück des Gehens" ein Buch herausgebracht, in dem er sich mit den positiven Auswirkungen des Spazierengehens auf Körper und Psyche beschäftigt.
So ist er der Meinung, dass sich regelmäßiges Gehen günstig auf unsere Gesundheit auswirkt. Die Gehirnaktivität würde durch eine verstärkte Blutzirkulation angeregt, Depressionen würden seltener auftreten und Alterungsprozesse verlangsamt.
Wichtiger als diese körperlichen Effekte erscheint ihm der positive Einfluss auf unsere Denkfähigkeit und Kreativität, der vor allem bei Spaziergängen in der Natur entstehe, weil dann der Cortisolspiegel am stärksten sinke.
Auch unser soziales Leben würde profitieren, denn beim Gehen zu zweit entstehe wegen der Angleichung einiger körperlicher Prozesse wie z. B. der Atmung ein Gefühl der Verbundenheit.
Allerdings kritisiert er, dass wir heutzutage zu wenig spazieren gehen, und fordert mehr Fußgängerfreundlichkeit in den Städten.

11 Vor- und Nachteile nennen

1a Lösungsvorschlag: Unter einem Anglizismus versteht man einen englischen Begriff, der unverändert aus dem Englischen übernommen wurde, d. h. er wird immer so gesprochen und geschrieben wie im Englischen. Als Beispiele können *fake news* oder *Crowdfunding* genannt werden. Diese Wörter unterscheiden sich von sogenannten Lehnwörtern, die zwar aus dem Englischen stammen, sich aber im Laufe der Zeit der deutschen Aussprache und Schreibweise angepasst haben, wie z. B. das *Mikrofon* und der *Keks*.

1b Lösungsvorschlag: Vorteile: im Deutschen fehlende Begriffe können ersetzt werden, dadurch mehr und genauere Ausdrucksmöglichkeiten, deutsche Sprache entwickelt sich weiter …; Nachteile: nicht alle Leute sprechen Englisch und verstehen die Begriffe, manchmal werden auch Anglizismen genutzt, für die es deutsche Entsprechungen gibt, manche Leute benutzen sie, um mit ihrer Bildung anzugeben …; weitere Beispiele: Coffee to go, sale, downloaden, googeln …

1c **Nadjas Meinung**: Für mich ist die ganze Diskussion um Anglizismen schwer nachzuvollziehen. Ich verstehe gar nicht, wo das Problem sein soll. Mir ist natürlich klar, dass so mancher, der von *convenience* oder *lifestyle product* spricht, selbst nicht ganz versteht, was er da sagt. Aber ich halte es für falsch, alle Anglizismen zu verteufeln. Durch die Übernahme fremdsprachiger Wörter entwickelt sich eine Sprache weiter und unsere Möglichkeiten, uns genau und differenziert auszudrücken, nehmen zu. So gibt es im Englischen für den deutschen Begriff „Politik" drei unterschiedliche: *Politics (politische Verfahren), Polity (politische Akteure und Institutionen)* und *Policy (politische Inhalte)*. Meistens werden also Begriffe übernommen, für die es keine genaue Entsprechung gibt, sie füllen eine Lücke. Unnötige und rein modische Fremdwörter verschwinden normalerweise von alleine wieder.
Natürlich sollte man in seiner Kommunikation darauf achten, verständlich zu bleiben und niemanden auszuschließen. Aber das ist eine Frage des persönlichen Kommunikationsstils, das kann einem niemand vorschreiben.
Paolos Meinung: Mich stört es sehr, wenn englische Wörter im Deutschen benutzt werden, obwohl es sehr wohl passende deutsche Ausdrücke gibt. Für das Wort *sale*, das einem im Sommer und nach Weihnachten aus fast jedem Geschäft entgegenspringt, gibt es die schönen Begriffe *Sommer- und Winterschlussverkauf*. Auch den *user* braucht man nicht, weil *der Nutzer* genau dasselbe ausdrückt. Man möchte sich mit den englischen Begriffen als weltoffen, modern und gebildet geben. Dabei vergisst man, dass bei weitem nicht alle Menschen Englisch sprechen. Vor allem ältere Leute verstehen die Wörter nicht und fühlen sich ausgegrenzt und beschämt, weil sie oft Aussprache- und Rechtschreibfehler dabei machen. Man kann sich fragen, ob Englisch inzwischen die Sprache der Oberschicht ist, so wie es früher das Latein war. Es führt auch meiner Meinung nach dazu, dass deutsche Begriffe verschwinden und durch englische ersetzt werden. Das wäre sehr schade.
Deshalb ist mein Vorschlag, nur solche Wörter aus anderen Sprachen und vor allem aus dem Englischen zu übernehmen, die der deutschen Sprache wirklich etwas Neues hinzufügen und einen zusätzlichen Wert bringen.

1d Vorteile: Sprache entwickelt sich weiter, Möglichkeiten, sich differenziert auszudrücken, nehmen zu, (unnötige Fremdwörter verschwinden von alleine); Nachteile: viele benutzen die Begriffe, um gebildet zu erscheinen, vor allem ältere Leute fühlen sich ausgegrenzt, deutsche Begriffe werden ersetzt

2 Bei Anglizismen handelt es sich um englische Begriffe, die unverändert ins Deutsche übernommen werden. Dazu, wie sinnvoll oder nützlich ihre Verwendung ist, gibt es sehr unterschiedliche Meinungen. Gegen ihre Verwendung spricht, dass sie oft benutzt werden, obwohl es eine deutsche Entsprechung gibt wie beispielsweise *sale* für Schlussverkauf und *user* für Nutzer. Weil aber nicht alle Menschen Englisch sprechen, führt das leicht dazu, dass sich manche beschämt oder ausgegrenzt fühlen, vor allem wenn sie Fehler bei der Aussprache oder Rechtschreibung machen. Ein weiterer Aspekt ist die Gefahr, dass deutsche Wörter verschwinden und durch englische ersetzt werden. Als Vorteil lässt sich anführen, dass sich die deutsche Sprache durch die Übernahme fremder Wörter weiterentwickelt, denn meistens werden Wörter übernommen, für die es keine deutsche Entsprechung gibt. Das zeigt sich z. B. an dem deutschen Begriff „Politik", für den drei unterschiedliche englische Begriffe existieren. Hinzu kommt also, dass sich jeder einzelne von uns durch die genaueren englischen Begriffe differenzierter ausdrücken kann. Schließlich führt eine solche Sprachentwicklung von alleine dazu, dass rein modische Anglizismen von alleine wieder verschwinden.

3a Vorteile: 1, 4, 6, 7 ; Nachteile: 2, 3, 5, 8

3b Lösungsvorschlag: Ein großer Vorteil von Teamarbeit ist, dass möglichst viele Mitarbeiterinnen und Mitarbeiter gemeinsam und eigenverantwortlich an einer Aufgabe beteiligt sind. Dadurch identifizieren sie sich stärker damit und fühlen sich auch verantwortlich dafür, dass das Projekt erfolgreich wird. Das führt meistens zu größerer Zufriedenheit, als wenn man nur auf Anweisung Aufgaben erfüllt und nichts mitentscheiden kann. Hinzu kommt bei dieser Arbeitsform ein besserer Informationsfluss, weil man direkt mit den Kolleginnen und Kollegen kommuniziert. Als weiterer Vorteil lassen sich die sogenannten Synergieeffekte nennen. Das bedeutet, dass sich in der Gruppe Wissen und Erfahrung gegenseitig ergänzen und verstärken. Dadurch steigert oft jedes Teammitglied seine Leistung. Schließlich fördert die Möglichkeit zur Mitbestimmung die Kreativität der Teammitglieder, die so oft ganz neue Talente an sich entdecken. Allerdings gibt es auch gewichtige Einwände gegen diese Arbeitsform. Als Nachteil von Teamarbeit lässt sich anführen, dass Teambildung und Teamentwicklung sehr zeitaufwändig und damit manchmal ineffektiv sind. In der Gruppe zu arbeiten kann außerdem vor allem für introvertierte und zurückhaltende Menschen sehr nachteilig sein, denn sie kommen vielleicht nicht genügend zu Wort, weil ihre extrovertierten Kolleginnen und Kollegen das Gespräch beherrschen. Gegen Teamarbeit spricht auch, dass in Gruppen leicht eine starke Konkurrenz und damit Druck und eine hohe Stressbelastung für jeden entsteht. Und schließlich noch ein letzter Punkt, der sich gegen Teamarbeit anführen lässt: Hier steht eben das Team im Vordergrund und nicht der Einzelne. Dadurch geht die individuelle Leistung oft unter und die Teammitglieder können im Ergebnis ihren persönlichen Erfolg nicht wiederfinden. Das kann sehr frustrierend sein.

3c Lösungsvorschlag: **Roboter in der Pflege**

Die Lebenserwartung in unserer Gesellschaft ist in den letzten 50 Jahren stark gestiegen, aber damit wächst auch die Zahl der pflegebedürftigen Menschen kontinuierlich, während sich gleichzeitig immer weniger junge Menschen für einen Pflegeberuf entscheiden. Das ist nachvollziehbar, denn in der Pflege warten Arbeitsplätze, die trotz schlechter Bezahlung und belastenden Arbeitszeiten eine hohe psychische und körperliche Belastung mit sich bringen. Nicht ohne Grund sind Pflegekräfte häufiger krank und scheiden früher aus ihrem Beruf aus als Menschen in anderen Berufen.

Die neuen technischen Möglichkeiten durch Pflegeroboter wecken deshalb teilweise große Erwartungen: Ihr Einsatz könnte den Pflegebedürftigen eine höhere Lebensqualität und den Pflegekräften eine Erleichterung ihres Alltags bringen. Sie könnten zum einen schwere körperliche Arbeiten übernehmen wie z. B. das Heben und Umbetten von Patienten. Zum anderen sind sie auch für Serviceleistungen wie Essen austeilen oder Wäsche wegbringen gut einsetzbar. Dadurch hätten die Pflegekräfte mehr Zeit, sich um die Patienten zu kümmern. Als ein großer Vorteil gilt darüber hinaus ihr Einsatz bei der Arbeit mit dementen Menschen: Roboter sind sehr geduldig, sie können auch zehnmal dieselbe Frage beantworten, ohne die Nerven zu verlieren, und behalten immer ihren freundlichen Ton.

Aber gerade über diesen Punkt wird sehr kontrovers diskutiert, denn natürlich können Roboter den Patienten keine echte menschliche Wärme und Zuwendung geben, das können nur die Pflegekräfte. Und nicht nur Menschen, sondern auch Roboter können durch falsche oder fehlende Programmierung folgenreiche Fehler machen, z. B. beim Ausgeben von Medikamenten. Als letztes und sehr wichtiges Argument gegen ihren Einsatz soll die Sorge der Pflegekräfte genannt werden, dass ihre Arbeitsplätze eingespart werden, wenn Roboter die Arbeiten übernehmen. Zu diesem Thema gibt es also noch ziemlich viel Diskussionsbedarf.

3d Ideen für die Einleitung: • bereits viele Angebote Sprachen online zu lernen, • Pandemie zwang die Schulen, Online-Unterricht anzubieten, teilweise unvorbereitet, • ob es erfolgreich funktioniert, hängt von vielen Faktoren ab, z. B. Alter, technische Ausrüstung, Kompetenz der Lehrkräfte in diesem Bereich und vieles mehr; Vorteile: – man kann inzwischen aus einem großen Angebot an Lehrmaterialien wählen, – man hat damit mehr Einfluss darauf, was und wie man lernt; Nachteile: – vor allem Kinder sind nicht immer gut dafür ausgestattet, haben z. B. keinen Laptop, – der Kontakt und die persönliche Motivation in der Lerngruppe fehlen, – man braucht sehr viel Selbstdisziplin, um ohne äußeren Zeitrahmen regelmäßig zu arbeiten

Lösungsvorschlag: Die Möglichkeiten, im Internet etwas zu lernen, sind inzwischen zahllos. Man findet fast zu jedem Lernbereich und zu jedem Thema mehr oder weniger gute Angebote. Viele Erwachsene, junge wie alte, nutzen sie auch, um zum Beispiel Sprachen zu lernen. Deutsche Schulen waren in diesem Bereich bisher eher zurückhaltend, aber durch die Corona-Epidemie waren sie dann plötzlich gezwungen, ihre Schülerinnen und Schüler online zu unterrichten. Das hat sehr unterschiedlich funktioniert und es machte allen noch einmal deutlich, dass der Erfolg bei dieser Art von Lernen von vielen Faktoren abhängt: So fällt es sicher Erwachsenen leichter, selbstbestimmt zu arbeiten, während Kinder das nicht ohne enge Anleitung können. Neben einer guten technischen Ausstattung spielt da auch eine Rolle, ob die Lehrkräfte in diesem Bereich genügend Kompetenzen haben und die Lernenden gut anleiten können.

Hier liegen auch die Nachteile dieser Lernmethode. Vor allem Kinder aus nicht so wohlhabenden Elternhäusern sind oft nicht passend ausgerüstet. Sie haben keinen Laptop und es ist kaum möglich, bei umfangreichem Lernstoff am Handy zu lernen. Vor allem Kindern, aber auch manchem Erwachsenen fehlt auch der Kontakt zu Klassenkameraden oder den anderen Kursteilnehmerinnen und Kursteilnehmern. Es ist ja neben der Stoffvermittlung auch sehr anregend, sich zu unterhalten, sich gegenseitig zu unterstützen und vielleicht nach dem Unterricht die Kontakte zu pflegen. Das erhöht die Motivation zu lernen ganz enorm, und dieses Element fehlt, wenn man allein vor dem Bildschirm sitzt. Dann muss man sich ständig selbst motivieren und dazu gehört viel Selbstdisziplin. Aber neben diesen offensichtlichen Nachteilen lassen sich auch entscheidende Vorteile des Online-Lernens nennen. Man kann sehr selbstbestimmt arbeiten, sich die Zeit selbst einteilen, jederzeit den Stoff wiederholen und aus einem großen Angebot an Lehrmaterialien wählen, auf welche Weise und mit welchem Material man lernen möchte. Das gilt vor allem für berufstätige Erwachsene, die sicherlich sehr stark von diesen flexiblen Möglichkeiten profitieren. Kinder schätzen dagegen vielleicht eher die Abwechslung, die durch die zahlreichen Lernfilme und Animationen möglich ist.

12 Argumente und Gegenargumente formulieren

1a 1. Beschreibung; 2. Argumentation

1b Lösungsvorschlag: 1. Er fordert seine Heimreise nach Indien. 2. Er sitzt seit fast zwei Monaten in einem Hamburger Hotel fest und kann nicht nach Hause, weil Indien sich wegen der Corona-Krise abgeschottet hat. 3. In Europa werden die Corona-Beschränkungen inzwischen wieder aufgehoben, es kommen mehr Touristen in sein Hotel und er hat Angst, dass er sich ansteckt. 4. Wenn er sich ansteckt, muss er in Quarantäne und seine Heimreise verzögert sich weiter.

1c 1. begründet oder gerechtfertigt … widerlegt oder entkräftet; 3. Gründe oder Ursachen; 4. mögliche Konsequenzen oder Folgen … gezogen

2b Lösungsvorschlag: 2. Auch heute noch telefonieren viele Menschen viel und gerne, aber daneben eröffnen sich mit den modernen sozialen Medien ganz neue Kommunikationswege. Früher dagegen spielte das Telefon die Hauptrolle, wenn man schnell Kontakt aufnehmen wollte, d. h. man kommunizierte meistens mündlich. Wenn man schriftlich kommunizieren wollte, schrieb man Briefe und später dann auch E-Mails, beides sind eher lange, ausführliche Textformen und sie blieben, wie das persönliche Telefonat, meistens privat, kein Dritter hatte Zugriff darauf. 3. In der modernen, globalisierten Welt spielen Fremdsprachenkenntnisse eine große Rolle, denn man reist viel mehr, sowohl privat als auch beruflich, und kommt häufiger in Kontakt mit Menschen, die eine andere Sprache sprechen. Deshalb wird immer wieder gefordert, dass Kinder möglichst früh eine Fremdsprache lernen. Aber viele Eltern möchten das gar nicht unbedingt, denn sie fürchten, dass ihre Kinder dabei überfordert werden und dass sie ihre eigene Muttersprache nicht richtig lernen.

2 c+d 2. In den sozialen Netzwerken wird heute dagegen meistens schriftlich kommuniziert und die schriftlichen Nachrichten bleiben auch nicht unbedingt privat, oft haben nämlich ganze Gruppen Zugriff darauf. Vor allem aber sind die Nachrichten meistens sehr kurz, denn jahrelang waren SMS-Nachrichten auf wenige Zeichen beschränkt, daran haben sich alle gewöhnt. Ein weiterer Grund für diese kurze Form ist die Erwartung, dass man auf die Nachricht möglichst schnell reagiert. (Folge) Das führt vor allem in Gruppenchats dazu, dass man sehr spontan und oft nebenher kurze Nachrichten schreibt. Deshalb werden sie nicht unbedingt sorgfältig formuliert und schon gar nicht korrigiert. Rechtschreibung und Zeichensetzung verlieren so an Bedeutung. Das kann man im Deutschen an der Groß- und Kleinschreibung gut sehen, denn in Chats und in Messengernachrichten z. B. kommt sie fast nicht mehr vor. Aber auch bestimmte Höflichkeitsformen wie eine korrekte Anrede und eine Grußformel fallen meistens weg. Das führt zu einer größeren Fehlertoleranz und wird die Sprache nachhaltig verändern. 3. Aber viele Studien haben gezeigt, dass es sich lohnt, früh mit dem Fremdsprachenunterricht zu beginnen, denn Kinder lernen ganz offensichtlich sehr leicht Sprachen. Der Grund dafür ist, dass ihr Gehirn noch sehr flexibel ist und die neuen Informationen schnell aufnehmen und vernetzen kann. Aber auch ein psychologisches Argument ist hier wichtig: Kinder haben nämlich viel weniger Hemmungen als Erwachsene, Fehler zu machen, und schämen sich auch nicht dafür. (Folge) Folglich sprechen sie ohne Angst und kommunizieren leichter in der neuen Sprache. Das führt meistens dazu, dass sie sich später auch noch weitere Fremdsprachen zutrauen. Als Erwachsene beherrschen sie also neben ihrer Muttersprache mindestens eine Fremdsprache sehr gut. Das ist heutzutage eine wichtige berufliche Qualifikation.

2e 2. Dauerhafter Süßwassermangel verursacht / führt zu Ernteverluste(n). 3. Der neue Handelsvertrag bringt große wirtschaftliche Chancen für die Region mit sich. 4. Sein umsichtiges Verhalten bewirkte, dass sich die Situation beruhigte. 5. Der betrunkene Autofahrer verursachte einen schweren Unfall. 6. Nüsse lösen manchmal Allergien aus. / Nüsse rufen manchmal Allergien hervor.

2f 2. Das bringt die Gefahr von Arterienverstopfung mit sich. 3. Fehlende körperliche Aktivität löst frühere Alterungsprozesse aus und führt zu einer niedrigeren Lebenserwartung. 4. Fehlendes Training für das Herz bringt ein hohes Risiko für Herz-Kreislauferkrankungen mit sich. 5. Regelmäßiges Training dagegen bewirkt einen besseren Transport der Blutkörperchen durch die Kapillaren /, dass die Blutkörperchen besser durch die Kapillaren transportiert werden. 6. Das bringt eine Senkung von Blutdruck und Pulsfrequenz mit sich. / Das bewirkt, dass Blutdruck und Pulsfrequenz sinken.

3a (Die passenden Redemittel sind unterstrichen.)

Arbeitslosigkeit trotz Fachkräftemangel in Deutschland

(1) Die Angst vor Arbeitslosigkeit beherrschte den deutschen Arbeitsmarkt zum Anfang dieses Jahrhunderts, denn damals waren zeitweise mehr als fünf Millionen Menschen arbeitslos.

Wie stark sich die Situation in Deutschland inzwischen verändert hat, sieht man daran, dass heute intensiv über das entgegengesetzte Problem diskutiert wird: über (2) den Mangel an Arbeitskräften. Nach einer neuen Studie bremst nämlich das Fehlen von Fachkräften bereits heute das Wirtschaftswachstum.

(3) Allerdings hat diese neue Situation noch nicht dazu geführt, dass jeder in Deutschland einen Arbeitsplatz findet. Noch immer sind in der Bundesrepublik mehr als zwei Millionen Bürgerinnen und Bürger arbeitslos, Hunderttausende davon sogar länger als ein Jahr. Bei vielen Menschen rufen die Klagen über Fachkräftemangel nur noch Bitterkeit hervor, weil sie das Gefühl haben, bei der Jobsuche z. B. wegen ihres Alters nicht berücksichtigt zu werden. Oder weil sie als Mutter Beruf und Kinder vereinbaren möchten, was ihnen auf dem Arbeitsmarkt oft große Nachteile beschert. Oder weil ihnen einfach die erforderlichen Qualifikationen fehlen.

Diese Beispiele zeigen, dass nicht nur eine gute Wirtschaftslage, sondern auch ein anderes Denken nötig wäre, um den Fachkräftemangel zu beheben.

(4) Die Firmen etwa, die jetzt über fehlende Fachkräfte jammern, legen immer noch zu viel Wert auf junge Arbeitskräfte, weil sie billiger sind. Ältere Mitarbeiterinnen und Mitarbeiter werden gerne in Frührente geschickt, denn für deren höheres Gehalt können doppelt so viele Berufsanfänger eingestellt werden. (5) Dabei sind ältere Menschen das beste Reservoir des Arbeitsmarkts und man braucht sie nicht erst zu qualifizieren. Würden Firmen das ernst nehmen, müssten sie weniger über Fachkräftemangel klagen.

Ähnlich unfair wie mit älteren geht man in Deutschland mit weiblichen Arbeitskräften jeden Alters um. Auch wenn sich das inzwischen aufgrund der besseren Möglichkeiten zur Kinderbetreuung kontinuierlich verbessert, bleibt hier noch viel zu tun. (6) Immer noch arbeitet mehr als die Hälfte der Mütter wegen der Kinder in Teilzeit, was langfristig ihrer Karriere schadet und zu niedrigen Renten im Alter und damit zu Altersarmut führt.

Wer über einen Mangel an Fachkräften redet, blendet oft auch die Tatsache aus, dass beinahe (7) jeder siebte junge Deutsche keine Berufsausbildung hat. Das sind zwei Millionen Menschen! Hier liegt noch eine große Aufgabe für die Bildungspolitik, denn aus diesen jungen Leuten könnten Fachkräfte werden, wenn man sie von Anfang an konsequent fördern und unterstützen würde.

(8) Weil aus dem Mangel an Arbeitsplätzen ein Mangel an Arbeitskräften geworden ist, wird jeder einzelne Mensch zu einer möglichen wertvollen Fachkraft. Deswegen sollte man sich auch um jeden einzelnen von ihnen bemühen.

3b Lösungsvorschlag:

	Aussage / Behauptung / Forderung	Begründung / Ursache	Schlussfolgerung / Konsequenz
1	Anfang dieses Jahrhunderts: Angst vor Arbeitslosigkeit beherrschte den deutschen Arbeitsmarkt	zeitweise mehr als 5 Mio. Arbeitslose	
2	Fehlen von Fachkräften bremst Wirtschaftswachstum		bremst Wirtschaftswachstum
3	trotz Fachkräftemangel viele Arbeitslose	werden oft bei der Jobsuche nicht berücksichtigt: zu alt, Mütter mit Kindern, fehlende Qualifikationen	viele von ihnen haben keinen Arbeitsplatz und sind verbittert
4	viele Firmen legen zu viel Wert auf junge Arbeitskräfte	weil sie billiger sind und man für das höhere Gehalt der Älteren doppelt so viele Berufsanfänger einstellen kann	ältere Mitarbeiterinnen und Mitarbeiter werden in Frührente geschickt
5	ältere Menschen sind das beste Reservoir des Arbeitsmarkts	müssen nicht qualifiziert werden	kein Fachkräftemangel, wenn man dieses Reservoir nutzen würde
6	immer noch arbeiten viele Mütter in Teilzeit		schadet ihrer Karriere, zu niedrige Renten im Alter und damit Altersarmut
7	jeder siebte junge Deutsche hat keine Berufsausbildung	man hat sie nicht von Anfang an konsequent gefördert	diese jungen Leute könnten Fachkräfte werden, wenn man sie unterstützt
8	aus dem Mangel an Arbeitsplätzen ist ein Mangel an Arbeitskräften geworden		jeder wird zu einer wertvollen Fachkraft, man sollte sich um jeden einzelnen bemühen

3c Lösungsvorschlag:

Argumentation 3: Trotz des Mangels an Fachkräften finden nicht alle Menschen in Deutschland einen Arbeitsplatz. Vielmehr gibt es viele Arbeitslose, die bei ihrer Jobsuche aus unterschiedlichen Gründen oft nicht berücksichtigt werden, z. B. wegen ihres Alters oder wegen fehlender Qualifikationen oder auch, weil sie als Mütter mit Kindern als nicht flexibel und zuverlässig genug gelten. Das führt bei diesen Menschen oft zu dauerhafter Verbitterung.

Argumentation 4: Leider legen viele Firmen zu viel Wert darauf, jüngere Mitarbeiterinnen und Mitarbeiter zu beschäftigen. Sie sind nämlich billiger und man kann für das höhere Gehalt der Älteren doppelt so viele Berufsanfänger einstellen. Die älteren Mitarbeiterinnen und Mitarbeiter schickt man folglich in Frührente.

Argumentation 5: Die Firmen erkennen dabei die Folgen ihres Handelns nicht: Sie schaffen sich so den Fachkräftemangel teilweise selbst und hätten kein Problem mit fehlenden Fachkräften, wenn sie ihre älteren Mitarbeiterinnen und Mitarbeiter länger behalten würden. Sie sind das beste Reservoir des Arbeitsmarkts, denn sie sind schon fertig ausgebildet und müssen nicht mehr qualifiziert werden.

Argumentation 7: Unter den Arbeitslosen sind auch viele junge Leute, die ohne Qualifikationen sind. Jeder / Jede siebte junge Deutsche hat keine Berufsausbildung, weil er / sie in der Schule nicht von Anfang an konsequent gefördert wurde. Alle diese jungen Menschen könnten zu Fachkräften werden, wenn man sie unterstützen würde.

3d Lösungsvorschlag:

Das Artensterben bedroht auch den Menschen

Wie dramatisch das Artensterben inzwischen ist, zeigt eine Studie des Weltbiodiversitätsrats aus dem Jahr 2020. Die Wissenschaftlerinnen und Wissenschaftler sprechen dort vom größten Artensterben, seit Menschen auf unserem Planeten leben, denn von acht Millionen Tier- und Pflanzenarten sind eine Million vom Aussterben bedroht.

Sie weisen ausdrücklich auch auf die katastrophalen Auswirkungen hin, die das Artensterben nicht nur für die Natur, sondern auch für die Menschen hat. Durch das Aussterben so vieler Arten gehen Nahrungsquellen für Tiere und damit auch für die Menschen verloren. Aussterben löst hier also einen ganzen Prozess aus, an dessen Ende ein weiteres Aussterben von Arten steht. Eine weitere Folge, die durch das massive Insektensterben entsteht, sind Ernteausfälle bei wichtigen Kultur- und Nahrungspflanzen. Bienen z. B. spielen eine wichtige Rolle bei der Bestäubung von Obstbäumen – sterben sie aus, wird es auf längere Sicht eben auch diese Obstpflanzen nicht mehr geben. Wenn es bei den Ernten über längere Zeit zu Ausfällen kommt, finden die Menschen in dieser Region keine Lebensgrundlagen mehr. Sie verarmen zunehmend und werden sich auf die Suche nach neuen, besseren Orten machen. Dadurch kommt es zu großen Wanderungs- und Fluchtbewegungen, die wiederum oft massive soziale Folgen haben.

Die Verursacher des Artensterbens und der dadurch ausgelösten Entwicklungen sind wir Menschen selbst. Durch den hohen Flächenverbrauch in der industrialisierten Landwirtschaft und beim Städtebau nehmen wir vielen Tieren und Pflanzen den Lebensraum. Aber auch der Klimawandel spielt eine wichtige Rolle. Die damit verbundenen dramatischen Veränderungen in einigen Regionen der Erde führen zu der Entwicklung, die oben beschrieben wurde: Die Menschen können dort keine Nahrungsmittel mehr anbauen und müssen auswandern.

Es ist höchste Zeit, diese Ursachen zu bekämpfen und zu versuchen, die Entwicklung zumindest zu verlangsamen.

3e Lösungsvorschlag:

Die Ursachen: Woher stammt der Müll? → aus Ferienorten an der Küste, wenn dort Müll und Abwasser nicht richtig entsorgt werden, Wind und Regen transportieren ihn ins Meer, manchmal sogar über größere Strecken, Folien und Plastiknetze aus der Landwirtschaft;

→ Mikroplastikteilchen werden über das Abwasser ins Meer gespült, aus Kosmetikprodukten oder beim Waschen von Textilien aus Kunstfasern

Die Folgen für die Umwelt: → Lebensräume der Meerestiere und -pflanzen werden durch den herumliegenden Müll zerstört, der sich nur sehr langsam zersetzt; → Chemikalien aus dem Plastik gelangen in die Nahrungskette und bedrohen am Ende auch die menschliche Gesundheit

Die Belastung der Umwelt durch Plastikmüll in den Meeren

Immer wieder sehen wir Fotos von Fischen, die sich in einem Plastiknetz verheddert haben, oder lesen Berichte über Wale, in deren Mägen sich große Mengen Plastikmüll befanden. Kein Wunder, denn 150 Millionen Tonnen Plastikmüll finden sich inzwischen in den Meeren und jedes Jahr kommen zwischen 5 und 10 Millionen Tonnen hinzu. Besonders problematisch ist es, wenn große Plastikteile zu Mikroplastik zerfallen, das sich dann praktisch in allen Fischmägen wiederfindet.

Obwohl das Problem inzwischen allgemein bekannt ist, bestehen die Ursachen dieses sehr speziellen Müllproblems weiter. Häufig stammen die Plastikteile, wie z. B. Netze oder andere Ausrüstungsteile, aus der Fischerei und sind bei der Arbeit verloren gegangen, manchmal werden sie aber auch absichtlich über Bord geworfen. Auch von Kreuzfahrtschiffen wird immer wieder Müll ins Meer geworfen. Eine weitere Quelle für Plastikmüll im Meer sind Ferienorte an der Küste, die ihren Müll nicht richtig entsorgen, so dass Plastikflaschen und -tüten im Meer landen. Ähnliches passiert bei der küstennahen Landwirtschaft: Mit dem Wind oder dem Regen gelangen auch große Teile wie Folien und Plastiknetze ins Meer. Und schließlich geraten mit dem Abwasser auch die sogenannten Mikroplastikteilchen dorthin. Sie stammen oft aus Kosmetikprodukten oder Reinigungsmitteln oder entstehen beim Waschen von Textilien aus Kunstfasern.

All dieser Müll hat gravierende Folgen für die Umwelt. Tiere verschlucken die Teile und sterben qualvoll daran oder sie verheddern und verletzen sich, das führt ebenfalls oft zu einem qualvollen Tod. Darüber hinaus werden ihre Lebensräume dadurch zerstört, denn Plastik zersetzt sich nur sehr langsam. Über Jahrzehnte, wenn nicht Jahrhunderte, liegen dann diese Teile in den empfindlichen Biotopen herum und bilden manchmal richtige Müllfelder. Auch für die Gesundheit von uns Menschen kann der Plastikmüll im Meer gefährlich werden, wenn nämlich Mikroplastikteilchen in die Nahrungskette gelangen. Sie werden inzwischen in Fischen, Krebsen und Muscheln nachgewiesen, also in Tieren, die von Menschen gerne verzehrt werden. Selbst im Trinkwasser finden sie sich, denn sie lassen sich oft nicht mehr aus dem Abwasser herausfiltern.

Das macht deutlich, wie dringend es ist, Maßnahmen zu ergreifen, um dieses Problem zu beheben. Ein Verbot von Plastiktüten, -flaschen und -verpackungen sowie von Mikroplastik in Kosmetik und Reinigungsmitteln ist ein erster notwendiger Schritt. Aber darüber hinaus sollten wir alle darauf achten, möglichst wenige Plastikprodukte zu verwenden und sie – wenn sie doch nicht zu vermeiden sind – wenigstens richtig zu entsorgen.

3f Lösungsvorschlag:

Ausstattung der Schülerinnen und Schüler mit Laptops

Schon seit langem gibt es immer wieder Forderungen, allen Schülerinnen und Schülern ein Tablet oder einen Laptop zur Verfügung zu stellen. Die Schulschließungen durch Corona haben diese Forderungen ganz plötzlich in eine Notwendigkeit verwandelt. Es wurde zu einem riesigen Problem, dass nicht alle Schülerinnen und Schüler in der Lage waren, dem Online-Unterricht zu folgen, weil viele von ihnen zu Hause technisch nicht ausreichend ausgestattet waren. Das hat die Diskussion über die technische Ausstattung der Schülerinnen und Schüler neu entfacht und die Frage, wer eigentlich dafür zuständig ist, rückte wieder in den Vordergrund. Sollen die Eltern dafür sorgen, so wie sie auch sonst für die schulische Ausrüstung sorgen müssen? Oder ist es die Aufgabe der Schulen, ihren Schülerinnen und Schülern die notwendigen technischen Geräte zur Verfügung zu stellen?

In Deutschland besuchen die meisten Kinder öffentliche Schulen, für die keine Gebühren gezahlt werden müssen. Die Bundesländer sind dafür zuständig, dass die Lehrkräfte gut ausgebildet sind, die Gebäude in Ordnung gehalten werden und der Stoffplan den Anforderungen des modernen Lebens entspricht. Aufgabe der Eltern ist es in diesem System, für die persönliche Ausstattung ihrer Kinder zu sorgen. Zwar werden Schulbücher in den meisten Bundesländern kostenlos zur Verfügung gestellt, aber alle anderen Dinge für den Schulalltag müssen die Eltern beisteuern. Damit sollen sie einen Teil der Verantwortung für die Ausbildung ihrer Kinder übernehmen, denn man geht davon aus, dass man mit Dingen, die man selber kauft, sorgfältiger umgeht. Man wisse schließlich, was sie wert sind, und man müsse sie ersetzen, wenn sie kaputt gehen. Das Risiko, dass von der Schule geliehene Laptops oder Tablets nicht sorgsam behandelt werden, sei also größer als bei Geräten, die den Familien selber gehören. Natürlich sei es für ärmere Familien in vielen Fällen schwer, das Geld für so eine teure Anschaffung aufzubringen. Aber unter bestimmten Umständen sei es immerhin möglich, einen Zuschuss zu bekommen, und auch das Kindergeld, das jeder Familie zusteht, könne ja dafür verwendet werden.

Das finanzielle Argument ist aber auch ein starkes Argument für die Gegenmeinung. Viele meinen, es sei eigentlich Aufgabe der Schulen, dafür zu sorgen, dass alle ihre Schülerinnen und Schüler für den Unterricht ausreichend ausgestattet sind. Dazu würden neben den Schulbüchern heutzutage eben auch technische Geräte wie Laptops oder Tablets gehören. Trotz aller vorhandenen finanziellen Hilfen könnten sich viele Familien diese Geräte nicht leisten. Das bedeutet, dass ihre Kinder stark benachteiligt sind und z. B. dem Online-Unterricht nicht oder vielleicht nur an einem Handy folgen können. Deshalb sollten die Schulen diese Kosten übernehmen. Kinder, die nicht gelernt hätten, an und mit diesen Geräten zu lernen, würden schlechte Schulleistungen bringen und hätten damit heute auf dem Arbeitsmarkt keine Chancen auf einen angemessenen Job.

Der letzteren Meinung stimme ich uneingeschränkt zu, denn sonst müssen die Kinder die Folgen tragen, wenn ihre Familie finanziell schwächer ist. Sie tragen aber nicht die Schuld daran und sie können an dieser Situation aus eigener Kraft auch nichts ändern. Deshalb sollte meiner Meinung nach die Schule hier dafür sorgen, dass der Zugang zur Bildung für alle Kinder im gleichen Maße möglich ist. Genau das bedeutet der Begriff „Bildungsgerechtigkeit".

13 Die eigene Meinung äußern und begründen

1a 2, 3, 6

dafür	dagegen
Die Reisebeschränkungen, die durch die Verbreitung des Corona-Virus bestanden, haben nicht nur Touristen, sondern vor allem auch Studierende, die ein Auslandsstudium oder Auslandssemester geplant hatten, vor große Schwierigkeiten gestellt. Sie konnten ihr Studium nicht antreten, aber oft auch ihre notwendigen Sprachprüfungen nicht ablegen. Deshalb befürworte ich ausdrücklich, dass alle zertifizierten Sprachprüfungen nur noch online angeboten werden sollten. Damit werden die Prüfungsteilnehmerinnen und -teilnehmer unabhängiger von unerwartet auftretenden Schwierigkeiten aller Art, seien es Visumsprobleme, Einreisebeschränkungen o. Ä. Aber auch der finanzielle Aspekt ist wichtig. Es ist sehr viel billiger, einen Sprachtest von zu Hause aus abzulegen, als irgendwohin zu reisen, dort zu übernachten und gegebenenfalls einige Tage bis zur mündlichen Prüfung zu verbringen. Ich stehe auf dem Standpunkt, dass das für junge Leute eine große Erleichterung mit sich bringt und sie sich auch von einer online-geführten mündlichen Prüfung nicht abschrecken lassen.	Schon jetzt kann man einige Sprachprüfungen komplett online ablegen. Das ist für manche Teilnehmerinnen und Teilnehmer sicher sehr praktisch, aber ich halte es für problematisch, vollständig auf Präsenzprüfungen zu verzichten und alle zu Online-Prüfungen zu zwingen. Das hat auch einige gravierende Nachteile. Abgesehen davon, dass die Täuschungsmöglichkeiten größer sind, gibt es Umstände, die dazu führen, dass nicht vollständig gleiche Prüfungsbedingungen für alle hergestellt werden. Je nachdem, in welchem Umfeld die Teilnehmerinnen und Teilnehmer die Prüfung ablegen – zu Hause, in einem Institut, in der Uni –, finden sie eventuell sehr unterschiedliche Gegebenheiten und technische Möglichkeiten vor. Das schafft nach meiner Überzeugung Ungerechtigkeiten. Ein zweiter Punkt ist für mich die mündliche Prüfung. Ich bin davon überzeugt, dass eine online abgelegte mündliche Prüfung nicht so leicht fair zu bewerten ist, weil einige Aspekte der mündlichen Präsentation verloren gehen, dazu gehören auch emotionale Signale. Deshalb lehne ich die vollständige Umstellung auf Online-Prüfungen ab und wünsche mir, dass hier für die Teilnehmerinnen und Teilnehmer die Wahlmöglichkeit erhalten bleibt.

1b 1. ich stehe auf dem Standpunkt, dass …, ich bin davon überzeugt, dass …; 3. ich befürworte …; 4. ich halte es für problematisch, ich lehne … ab

1c 2d, 3a, 4b

1d a3, b2, c4, d4, e1

1e 1. eine Haltung; 2. zustimmend oder ablehnend, teilweise zustimmen; 3. durch Argumente gut begründet, nicht etwa eine Tatsache

2a 1. Lösungsvorschlag: Meiner Meinung nach sind Jugendliche mit 16 Jahren noch zu unerfahren, um Auto fahren zu können. Selbst wenn ein Erwachsener neben ihnen sitzt, kommt es doch in schwierigen Situationen auf ihre eigenen Reaktionen an, die in diesem Alter, mitten in der Pubertät, oft ziemlich unberechenbar sind. Außerdem finde ich die Frage schwierig, wer bei einem Unfall die rechtliche Verantwortung übernehmen soll, der Jugendliche oder der begleitende Erwachsene? Das sind meine Einwände gegen diesen Vorschlag, den ich in dieser Form ablehne.

2. Lösungsvorschlag: Seit es E-Bikes gibt, ist zum einen die Zahl der Radfahrerinnen und Radfahrer deutlich gestiegen und zum anderen hat auch teilweise ihr Fahrtempo zugenommen. Da es in vielen Städten immer noch keine durchgehenden und sicheren Radwege gibt und Rad- und Autoverkehr sich nach wie vor oft die Straße teilen müssen, entstehen viele vor allem für die Radfahrerinnen und Radfahrer gefährliche Situationen und es kommt häufiger zu schweren Unfällen als früher. Aus diesem Grund befürworte ich uneingeschränkt eine Helmpflicht für Radfahrerinnen und Radfahrer.

3. Lösungsvorschlag: Zu diesem Vorschlag habe ich eine geteilte Meinung. Natürlich ist es entmutigend, dass Autofahren auch heute noch wesentlich billiger ist als der öffentliche Verkehr, also Bahn, Bus und Straßenbahn, und man würde sich wünschen, dass sich hier endlich etwas ändert. Deshalb unterstütze ich die Forderung, dass der öffentliche Verkehr attraktiver werden muss. Aber ob ein deutlich höherer Benzinpreis die richtige Lösung dafür ist, bezweifle ich. Immerhin sind viele Menschen, die auf dem Land wohnen, oder Pendler, die täglich zur Arbeit fahren müssen, stark auf ihr Auto angewiesen. Auch viele Handwerker müssen mit dem Auto zu ihren Kunden fahren. Eine große Zahl dieser Menschen könnte sich einen sehr viel höheren Benzinpreis nicht leisten und wäre folglich unverhältnismäßig hart betroffen. Deshalb fände ich es eine bessere Lösung, wenn stattdessen der öffentliche Verkehr billiger oder sogar kostenlos wäre. Das würde ihn wirklich attraktiver machen, ohne bestimmten Bevölkerungsgruppen zu schaden.

4. Lösungsvorschlag: Diese Behauptung finde ich sehr undifferenziert, denn es gibt heutzutage Bioprodukte in sehr unterschiedlicher Qualität und Preislage. Bei Discountern findet man Bioangebote genauso wie im Hofladen auf dem Bauernhof. Beides lässt sich schwer vergleichen, denn die Produkte im Discounter sind zwar „bio“, aber es handelt sich hier trotzdem um Massenproduktion, die nicht immer umweltschonend ist. Mit einer Biotomate aus Spanien, die ich im Winter kaufe, schade ich der Umwelt mehr als mit einer lokal geernteten Kartoffel, die keine Biokartoffel ist. Sie muss nämlich nicht transportiert werden (Abgasbelastung!) und wächst auch nicht im Gewächshaus mit Heizung (Energieverschwendung!). Aus diesem Grund erschließt sich mir die Logik dieser sehr generellen Aussage nicht und ich stimme ihr auch nicht zu.

2b Lösungsvorschlag: Es gibt sehr gute Argumente, die für ein Fahrverbot von Dieselautos sprechen. Sie stoßen besonders viel Stickoxide aus, die sich bei Kontakt mit Sauerstoff in das sehr gesundheitsschädigende Stickstoffoxid verwandeln. Vor allem in Großstädten mit hohem Verkehrsaufkommen führt das zu einer ständigen Überschreitung der Grenzwerte für Stickstoffoxide. Vor allem Kinder und gesundheitlich empfindliche Menschen leiden unter diesem Schadstoff, denn er dringt tief in die Lunge ein und führt zu Schäden in den Bronchien und in der Lunge. Asthma und andere Atemwegserkrankungen sind die Folgen. Aber man muss auch bedenken, dass unter einem Fahrverbot für Dieselfahrzeuge viele gerade nicht sehr wohlhabende Menschen leiden würden. Sie sind von ihrem Auto abhängig, weil sie ohne Fahrzeug ihren Beruf nicht ausüben können. Deshalb sollte man hier nach Kompromissen suchen, die beiden Gruppen gerecht werden. So sollten die Hersteller gezwungen werden, so schnell wie möglich technische Verbesserungen anzubieten, die den Schadstoffausstoß senken. Gleichzeitig sollten Fahrverbote erst nach einer Frist ausgesprochen werden, in der die Autobesitzer die Chance erhalten, ihr Auto technisch aufzurüsten.

2c 1. Lösungsvorschlag: Ich halte es für falsch, Teamarbeit einzuführen, ohne vorher zu überprüfen, ob sie in dem Bereich, für den sie geplant wird, überhaupt sinnvoll ist. Manche Arbeitsbereiche eignen sich einfach nicht dafür. Ein weiterer Aspekt ist, dass die betroffenen Mitarbeiterinnen und Mitarbeiter unbedingt vorher gefragt werden müssen, ob sie zur Teamarbeit bereit sind. Nur mit motivierten Mitarbeiterinnen und Mitarbeitern kann sie überhaupt funktionieren. Wenn diese beiden Bedingungen erfüllt sind, ist meiner Überzeugung nach Teamarbeit eine sehr gute Arbeitsform, denn sie fördert die Kommunikation unter den Mitarbeiterinnen und Mitarbeitern und führt tatsächlich zu Synergieeffekten.

2. Lösungsvorschlag: Zu der Frage, ob Roboter in der Pflege eingesetzt werden sollten, vertrete ich eine sehr eindeutige Meinung. Ich denke, man sollte sie nur als Hilfsmittel und in Anwesenheit der Pflegekräfte einsetzen, um beispielsweise Patienten zu heben. Auch für manche Serviceleistungen wie Essens- und Wäschetransport eignen sich Roboter gut. Ich lehne es aber ab, dass Roboter Menschen bei der Pflege vollständig ersetzen und tatsächlich mit den Patienten selbständig kommunizieren. Zum einen empfinde ich das als würdelos den Patienten gegenüber und zum anderen wäre zu befürchten, dass Fehler, die der Roboter z. B. bei der Medikamentenausgabe macht, unentdeckt blieben.

3. Lösungsvorschlag: Meiner Meinung nach bietet das Online-Lernen am Computer viele Vorteile für Erwachsene, denn Erwachsene können selbst entscheiden, welches Lernprogramm oder -angebot sie nutzen wollen und wie sie das tun. Gleichzeitig haben sie die Möglichkeit, ein Programm zu beenden bzw. ein Angebot nicht weiter zu nutzen, wenn es ihnen nicht mehr gefällt. Für Kinder sehe ich das etwas differenzierter. Sie sind wesentlich abhängiger von kompetenter Betreuung und guten Lernangeboten und können – zumal sie schulpflichtig sind – sich schlechten Lernprogrammen nicht einfach entziehen. Deshalb sollten Lehrkräfte in diesem Bereich sehr gut ausgebildet werden und Lernprogramme für Schulen sollten staatlich streng kontrolliert werden. Außerdem muss darauf geachtet werden, dass alle Kinder in gleichem Maße technisch ausgerüstet sind. Unter diesen Voraussetzungen finde ich es auch für Kinder attraktiv, einige Dinge online zu lernen. Das bereitet sie auf die digitalen Anforderungen im Berufsleben vor und erhöht manchmal auch ihre Motivation, weil die Lernangebote am Computer abwechslungsreich sind.

2d Lösungsvorschlag: Das Angebot an Computerspielen ist riesig, da ist es leicht, den Überblick zu verlieren. In dieser Situation sind sicherlich viele Eltern, die wissen möchten, mit welchen Spielen sich ihre Kinder beschäftigen. Vor allem Jungen lassen sich leicht von Kampf- und Wettbewerbsspielen faszinieren und vergessen alles um sich herum. Tatsächlich sind manche dieser Spiele sehr brutal und man muss sich fragen, welche langfristigen Auswirkungen diese Brutalität auf die jungen Menschen hat. Zudem besteht manchmal auch die Gefahr, dass die Kinder ganz in dieser Spielwelt versinken und ihre sozialen Kontakte, aber auch ihre schulischen Aufgabenvernachlässigen. Diesen Suchtfaktor halte ich für sehr gefährlich, deshalb stimme ich der Forderung, Computerspiele zu verbieten, teilweise zu: Spiele, die das Wohl der Kinder möglicherweise gefährden, sollten bis zum Alter von mindestens 12 Jahren verboten werden, um die Eltern im Umgang mit diesem Problem zu unterstützen und um die Kinder zu schützen. Allerdings bin ich nicht der Meinung, dass alle Computerspiele verboten werden sollten. Es gibt inzwischen sehr schöne und lehrreiche Spiele, die für Kinder im passenden Alter durchaus zu empfehlen sind. Der Computer gehört heute zu unserer Alltagswelt, man kann die Kinder nicht völlig davon fernhalten. Im Gegenteil: Sie müssen rechtzeitig lernen, sinnvoll und verantwortungsbewusst damit umzugehen. Deshalb teile ich die Meinung, dass die Eltern, soweit sie das können, die Computerspiele für ihre Kinder sorgfältig auswählen sollten. Falls sie sich unsicher fühlen, sollten sie dabei durch Beratungsangebote unterstützt werden.

2e Lösungsvorschlag: Mit dem wachsenden Tourismus ist in einigen großen Städten eine enorme Nachfrage nach Ferienwohnungen entstanden. In Deutschland betrifft das vor allem Berlin und München, wo inzwischen sehr viele Wohnungen als Ferienwohnungen auch über Online-Plattformen vermietet werden. Dadurch verschärft sich dort der ohnehin bestehende Wohungsmangel und die Mieten steigen dramatisch, so dass sich viele Stadtbewohner keine Wohnung mehr leisten können. Deshalb ist der Wunsch, dass hier die Stadtverwaltung eingreifen sollte, durchaus nachvollziehbar. Der Forderung, die Vermietung als Ferienwohnung komplett zu verbieten, stimme ich aber nicht zu. Tourismus ist auch ein wichtiger Wirtschaftsfaktor, der nicht nur Arbeitsplätze schafft, sondern auch viel Geld in die Städte bringt. Meiner Meinung nach muss die Stadtverwaltung hier mit Fingerspitzengefühl vorgehen und einerseits dafür sorgen, dass eine gewisse Anzahl von Übernachtungsmöglichkeiten für Touristen zur Verfügung steht, andererseits aber auch kontrollieren, wie viele und welche Wohnungen von wem als Ferienwohnungen angeboten werden. Dies sollte nur unter strengen Bedingungen möglich sein und selbstverständlich sollte es nicht illegal passieren. Vielmehr müssen die Vermieter auf ihre Einnahmen Steuern zahlen, damit auch die Allgemeinheit profitiert. Dann gibt es auch bei den Einheimischen eine größere Akzeptanz dafür, dass eine Wohnung als Ferienwohnung vermietet wird.

14 Eine Erörterung verfassen

1a 2, 3, 4, 5

1b 1c, 2d, 3a, 4e, 5b

1c 1. Thema des Textes (blau); 2. die Streitfrage (rot); 3 + 4 Sichtweisen und passende Argumente zur Streitfrage (grün); 5. die eigene Meinung (lila)
Schon sehr lange beherrscht der Mensch […] und Pflanzen betrifft, starker Widerspruch.
Es ist sehr umstritten, ob […] unsere Umwelt irreparabel schädigt.
Die Befürworter der grünen Gentechnologie […] und die auch irreversibel sein könnte.
Zu so einem komplexen Thema […] von eventuell gesteigerten Ernteerträgen.

1d 1. die grüne Gentechnologie; 2. • Methoden zur Züchtung von Pflanzen + Tieren = schon sehr alt; • moderne Gentechnik bietet neue, sehr wirksame Methoden; • im medizinischen Bereich auch sehr erfolgreich, z. B. menschliches Insulin; • bei der genetischen Veränderung von Pflanzen + Tieren (= grüne Gentechnik) starke Kritik; 3. Hilft die gentechnische Veränderung von Saatgut im Kampf gegen den Hunger oder führt sie zu irreparablen Umweltschäden? 4. dafür: • gentechnisch veränderte Pflanzen sind resistent gegen Krankheiten + Schädlinge, dadurch = geringerer Pestizideinsatz, bessere Erträge, vereinfachter Anbau; dagegen: großflächiger Anbau von gentechnisch veränderten Pflanzen könnte zu irreparablen Umweltschäden führen, die noch nicht vorauszusehen sind; 5. geteilte Meinung: Forschung sollte unter strengen Einschränkungen möglich sein, aber Ablehnung der kommerziellen Nutzung

1e 1. meist schriftliche Diskussion, zu einer Streitfrage oder Problematik; 2. thematische Kontext; 3. unterschiedlichen Sichtweisen dazu, diskutierte, abgewogen; 4. eigenen Standpunkt

2a grün – Informationen zum Kontext; rot – jeweilige Sichtweise; blau – passende Argumente

Peter Hölzl	Marianna Falcone
Mit 16 wohnen die meisten Jugendlichen […] weil man an ihrer Reife zweifelt. Warum sollten sie dann […] mit Recht bei 18 Jahren. In diesem Alter haben die Jugendlichen […] für die erste Teilnahme an der Bundestagswahl. Interessant ist auch, dass die Wahlbeteiligung junger Wähler […] dafür, das Wahlalter noch weiter abzusenken.	Auch heute schon […] in vier Bundesländern sogar bei Landtagswahlen. Welche Gründe sollte es also geben […] bei Bundestagswahlen mitstimmen dürfen? Viele der Entscheidungen […] wer ihre Interessen im Parlament vertritt. Die größte und damit einflussreichste Wählergruppe […] und damit stärker um sie werben. Häufig wird als Gegenargument angeführt […] in den demokratischen Prozess einbeziehen.

2b 1. Das Wahlalter für junge Menschen in Deutschland 2. • Volljährigkeit erst ab 18, dann darf man Verträge schließen, heiraten, Auto fahren; • geschäftsfähig sein, bedeutet, dass man selbständig alle genannten Dinge tun kann und rechtlich selbst verantwortlich dafür ist, im Straffall wird man meistens nicht mehr wie ein Jugendlicher behandelt; Jugendliche dürfen bei Kommunalwahlen in zehn Bundesländern und bei Landtagswahlen in vier Bundesländern mit 16 wählen, bei Bundestagswahlen aber erst mit 18; 3. Sollten Jugendliche auch bei Bundestagswahlen schon mit 16 Jahren wählen dürfen? 4. dafür: • viele Entscheidungen des Bundestags betreffen die Zukunft der jungen Leute, z. B. zu den Renten oder zum Klimaschutz; • die Gruppe der über 60-Jährigen ist die größte und einflussreichste Wählergruppe, die 16- + 17-Jährigen Wähler könnten die Wählergruppe der jungen Menschen vergrößern und damit einflussreicher machen; Jugendliche in diesem Alter sind reif genug, um politische Entscheidungen zu treffen, sie machen dann ihr Abitur oder eine Ausbildung, in der sie bereits Geld verdienen und so Steuern zahlen; • man könnte mit dem frühen Wahlrecht das Interesse der Jugendlichen an politischer Mitbestimmung wecken bzw. steigern; dagegen: • Jugendliche in der Pubertät sind noch nicht gefestigt, sie können leicht manipuliert und beeinflusst werden; • Wahlbeteiligung junger Wähler ist niedriger als im Durchschnitt, das bedeutet, dass sie sich noch nicht für politische Mitbestimmung interessieren

2c Notizen zur Grafik / Lösungsvorschlag: Zahlen der Grafik für die Bundestagswahl 2017 widerlegen das Argument, dass die Wahlbeteiligung junger Wähler deutlich niedriger sei: 70 % der jüngsten Wähler nahmen an der Wahl teil. Das ist nicht so schlecht, die durchschnittliche Wahlbeteiligung lag bei ca. 76 %. (Recherche!). Das zeigt ein ziemlich großes Interesse an politischer Mitbestimmung bei den Erstwählern.

2e Lösungsvorschlag: **Wahlrecht ab 16 Jahren?**

Mit 18 Jahren werden junge Menschen in Deutschland volljährig. Das bringt einige Rechte mit sich: Man darf selbständig Verträge und Geschäfte abschließen. Man darf heiraten und man darf nachts nach Hause kommen, wann man will. Man darf Auto fahren und, last but not least, hat man das Recht zur politischen Mitbestimmung, man darf also wählen. Ob das der richtige Zeitpunkt dafür ist, ist sehr umstritten. Immer wieder wird gefordert, dass Jugendliche schon mit 16 Jahren wählen sollten. Tatsächlich gibt es hier schon Gesetzesänderungen:

In zehn Bundesländern dürfen Jugendliche bei Kommunalwahlen heute schon mit 16 Jahren wählen und in vier Bundesländern dürfen sie es auch bei Landeswahlen. Nur die Wahlen auf Bundesebene sind bisher volljährigen Bundesbürgerinnen und Bundesbürgern vorbehalten. Welche Argumente werden in dieser Kontroverse vorgebracht? Die Gegner eines frühen Wahlrechts vertreten den Standpunkt, dass Jugendliche in diesem Alter ein zu geringes politisches Wissen haben und deshalb schwierige politische Zusammenhänge noch nicht durchschauen und die Konsequenzen ihrer Wahlentscheidung nicht abschätzen können. Hinzu kommt, dass sie aufgrund fehlenden Wissens und mangelnder Erfahrung leichter manipuliert werden können. Oft wird auch vorgebracht, dass die Wahlbeteiligung ganz junger Wählerinnen und Wähler sehr deutlich unter dem Durchschnitt liegt. Man könnte also denken, dass sie an ihrem Wahlrecht noch kein großes Interesse haben.

Dagegen fordern die Unterstützer, junge Menschen mit Hilfe eines früheren Wahlrechts an demokratischen Prozessen zu beteiligen, damit sie früh Interesse an politischen Prozessen entwickeln. Viele Entscheidungen betreffen schließlich ihre eigene Zukunft, wie beispielsweise die Frage der Studiengebühren oder die der Renten, die ja von den jungen Menschen erwirtschaftet werden müssen. Ein guter Politikunterricht an der Schule sei allerdings eine wichtige Voraussetzung für ein frühes Wahlrecht, damit die Schülerinnen und Schüler die politischen Verhältnisse rechtzeitig kennenlernen. Ein weiteres Argument ist, dass nicht wenige Jugendliche schon in der Ausbildung sind und damit Geld verdienen und Steuern zahlen. Es wäre eigentlich selbstverständlich, ihnen ein Mitspracherecht an dem Staat zu geben, den sie mitfinanzieren.

Meiner Meinung nach sollten Jugendliche ab 16 Jahren wählen dürfen. Auch wenn es richtig ist, dass viele Jugendliche in ihren politischen Ansichten noch leicht zu beeinflussen sind, unterstütze ich die Forderung, sie mit Hilfe eines frühen Wahlrechts in die politischen Entscheidungen miteinzubeziehen. Nur so können sie Verantwortungsgefühl und Interesse entwickeln und lernen, selbständige Entscheidungen zu treffen. Für mich ist auch ein entscheidender Aspekt, dass damit die Wählergruppe der jungen Menschen stärker wächst und die politischen Entscheidungen nicht mehr so einseitig von der sehr großen und mächtigen Wählergruppe der Menschen über 60 dominiert werden.

2f Lösungsvorschläge: 1, ob / wie / warum …, ist sehr umstritten; 2. weiteres Argument / ein weiterer Aspekt ist, dass …; hinzu kommt …; schließlich; 4. während; 5. das zeigt sich z. B. daran, dass …; beispielsweise; als Beispiel lässt sich anführen, dass …; 6. ich befürworte / unterstütze es, dass …; ich lehne es ab, dass…; da bin ich geteilter Meinung

3a Lösungsvorschlag: • seit 1954 (Haager Konvention) ist der Begriff „kulturelles Erbe" festgelegt, seit 1972 (UNESCO-Übereinkommen) ist festgelegt, dass das Kultur- und Naturerbe der Welt vor Zerstörung und Verfall geschützt werden muss, seither können sowohl Bauwerke als auch Naturstätten von großer Bedeutung auf eine Liste genommen werden und unter der Bezeichnung „Weltkulturerbe" einen besonderen Schutzstatus bekommen; • 2020 gab es insgesamt 1121 Weltkulturerbestätten, die meisten in Italien und China (jeweils 55), in Deutschland 46; • die Stätten auf der Liste werden sowohl finanziell gefördert als auch durch die Bereitstellung von Fachpersonal, Technikern und Ausrüstung zu ihrer Erhaltung; das jeweilige Land verpflichtet sich im Gegenzug, die Stätte zu erhalten und zu pflegen und der Öffentlichkeit zugänglich zu machen; • allerdings sind damit auch Einschränkungen bei der Nutzung des Gebäudes oder des Areals oder auch der näheren Umgebung verbunden, das hat immer wieder zu Konflikten geführt (in Deutschland beim Kölner Dom und beim Elbtal um Dresden)

3b Lösungsvorschläge: **Streitfrage**: Sollte man die Welterbestätten durch diesen Status schützen oder führt das zu einer sehr starken Beeinträchtigung der wirtschaftlichen Entwicklung? **Argumente dafür**: • oft haben Länder nicht die finanziellen und fachlichen Möglichkeiten, ihre bedeutenden Kulturstätten zu schützen, der Kulturerbestatus kann hier helfen; • das Bewusstsein für den Wert dieser Stätten wird gesteigert, der Umgang damit sensibler; • vor allem in Krisengebieten, z. B. in Kriegen, kann der Welterbestatus zum Schutz vor Zerstörung beitragen; • diese Stätten gehören nicht allein den Ländern, in denen sie liegen, sondern sind tatsächlich Teil unseres gemeinsamen kulturellen Erbes, deshalb sollten sie auch gemeinsam geschützt und gefördert werden und allen zugänglich sein; **Argumente dagegen**: • der Kulturerbestatus kann auch dazu führen, dass das Areal wirtschaftlich nicht mehr genutzt werden kann, z. B. durch Landwirtschaft oder durch Bau von wichtigen Verkehrswegen, das kann zu gravierenden Nachteilen und Kosten für das jeweilige Land führen; • das ist ein großer Eingriff in das Selbstbestimmungsrecht des jeweiligen Landes, deshalb sollte man die Pflege des Kulturerbes jedem Land selbst überlassen; • trotz finanzieller und fachlicher Unterstützung durch die UNESCO kann die Pflege des Welterbes ein Land überfordern, vielleicht gibt es dort gerade ganz andere gravierende Probleme, z. B. den Wiederaufbau nach einem Krieg oder sehr starke wirtschaftliche Defizite, die vorrangig sind; • auf keinen Fall ist der Erhalt von Kulturgütern wichtiger als der Erhalt von Menschenleben, z. B. in Hungersnöten, Kriegszeiten o. Ä.

3c Lösungsvorschlag: **Weltkulturerbe**

Seit 1972 gibt es den Welterbestatus, durch den Kultur- und Naturstätten vor Zerstörung und Verfall geschützt werden sollen. Die Erfahrung der zwei Weltkriege, in denen viel wertvolles Kulturgut zerstört oder gestohlen wurde, hat sicher dazu beigetragen, dass viele Länder Interesse an solch einer Übereinkunft hatten. Zwar sind ihr auch heute nicht alle Länder beigetreten und man kann an aktuellen Beispielen in Afghanistan und Syrien sehen, dass es im Kriegsfall immer noch fast unmöglich ist, Kulturgüter vor der Zerstörung zu bewahren. Aber es ist doch eine sehr positive Entwicklung, dass heute über 900 Kultur- oder Naturerbestätten den Welterbestatus haben und ihre Erhaltung damit eine gemeinsame Aufgabe geworden ist.

Allerdings ist dieser Status für die jeweiligen Länder nicht nur mit Vorteilen, sondern auch mit deutlichen Einschränkungen verbunden. Deshalb wird teilweise heftig darüber diskutiert, ob die Bewahrung des kulturellen Erbes es wert ist, im Einzelfall die wirtschaftliche Nutzung von Flächen und Gebäuden einzuschränken und damit auf wirtschaftliche Entwicklung zu verzichten.

So eine Diskussion gab es in Deutschland um das Elbtal bei Dresden, dem 2009 der Weltkulturerbestatus aberkannt wurde. Man wollte dort unbedingt eine Brücke über die Elbe bauen, um den Verkehrsfluss zu verbessern. Hier hatten sich die Gegner des Weltkulturerbestatus durchgesetzt mit dem Argument, dass man bei einem Verzicht auf die Brücke auch auf eine wichtige wirtschaftliche Entwicklung verzichten würde und dass dies schwerer wiege als die relativ geringen finanziellen Vorteile durch den Welterbestatus. Dieses Argument betrifft vor allem die Frage der wirtschaftlichen Selbstbestimmung des Landes, in dem die Stätte liegt – diese Selbstbestimmung wird natürlich durch den Status Weltkulturerbe eingeschränkt. Vor allem in ärmeren Ländern ist es nicht immer zu vermitteln, dass für den Schutz kultureller Stätten so viel Geld ausgegeben wird und vielleicht sogar auf landwirtschaftliche oder sonstige Nutzung verzichtet wird, während die Menschen dort Probleme haben, ihre Existenz zu sichern oder sogar Hunger leiden.

Die Befürworter des Welterbestatus führen dagegen ins Feld, dass es gerade in ärmeren Ländern und in schwierigen Zeiten wichtig ist, Kulturstätten zu schützen. Zum einen sind sie dort besonders bedroht, zum anderen bietet der Welterbestatus meistens – durch die starke Aufwertung der Stätte – auch den Anwohnern Perspektiven. Die finanzielle und fachliche Unterstützung durch die UNESCO soll den Status nämlich auch im wirtschaftlichen Sinne attraktiv machen. Dadurch, dass die Stätten öffentlich zugänglich gemacht werden, können sie zu touristischen Attraktionen werden und durchaus auch wirtschaftliche Vorteile bringen.

Den Argumenten der Befürworter stimme ich uneingeschränkt zu. Manche Kultur- und Naturstätten sind für uns alle so wichtig, dass wir sie gemeinsam so gut wie möglich schützen sollten. Sie führen uns gerade in Kriegszeiten oder wirtschaftlich schwierigen Phasen vor Augen, zu welch positiven Leistungen Menschen in der Lage sind, und sie repräsentieren universale Werte, die uns Orientierung geben. Dass mit ihnen auch Geld zu verdienen ist, wenn man sie touristisch richtig nutzt, halte ich für einen weiteren wichtigen Aspekt in dieser Diskussion.

3d Lösungsvorschlag: **Videokonferenzen**

Videokonferenzen sind in Zeiten der Globalisierung ein fester Bestandteil der beruflichen Kommunikation. Viele Firmen haben inzwischen Niederlassungen an mehreren Orten über die Welt verteilt oder auch regelmäßig Kontakte zu ausländischen Firmen. Was lange Zeit ein exklusives „Extra" war, hat sich in der Zeit der Reise- und Kontaktbeschränkungen, die durch die Verbreitung des Corona-Virus bestanden, zu einer Notwendigkeit entwickelt. Hier mussten Videokonferenzen die vorher üblichen regelmäßigen Geschäftsreisen und -meetings ersetzen. Solange sie alternativlos waren, hat niemand ihre Effektivität in Frage gestellt, aber auf längere Sicht stellt sich schon die Frage, ob virtuelle Konferenzen in jedem Falle sinnvoll und ausreichend sind.

Das lässt sich aus unterschiedlichen Perspektiven auch sehr unterschiedlich beantworten. Unter ökologischen Gesichtspunkten gilt beispielsweise ein sehr wichtiges Argument, dass durch die Videokonferenzen viel CO_2 eingespart wird, das vor allem bei Flügen, aber auch bei Autofahrten auf Geschäftsreisen entsteht. Aber auch finanzielle Mittel werden eingespart: Natürlich ist es wesentlich billiger, eine Videokonferenz aus dem eigenen Büro zu führen, als die gesamten Reisekosten für z. B. Flug, Unterbringung und Verpflegung aufzubringen. Nicht alle Geschäftsreisen galten als wirklich notwendig, manchmal dienten sie einfach der Kontaktpflege und hin und wieder als Statussymbol. Zweifellos lassen sich sehr viele Dinge auch über den Bildschirm besprechen.

Allerdings trifft das nicht auf alle geschäftlichen Kontakte und Besprechungen zu. Vor allem bei Geschäftsverbindungen zwischen unterschiedlichen Kulturen ist es auch sehr wichtig, die typischen Umgangsformen, die konkreten Arbeitsbedingungen und nicht zuletzt die Geschäftspartner selbst persönlich kennenzulernen. Wie wichtig oft der persönliche Handschlag, die direkte Reaktion auf den Gesprächspartner ist, weiß man aus komplizierten diplomatischen Verhandlungen. Das gilt auch im geschäftlichen Bereich. Die Videokamera zeigt eben nur einen Ausschnitt in Bildschirmgröße, viele Eindrücke und auch Sinneswahrnehmungen gehen so verloren, und man gewinnt oft ein künstliches und damit falsches Bild von seinem Gespächspartner und seinem Umfeld. Bei einer Umfage von YouGov 2020 hat sich darüber hinaus gezeigt, dass viele Menschen doch noch nicht sehr vertraut mit der Technik der Videokonferenzen sind. Fast drei Viertel der Befragten gab an, noch nie mit „Zoom", der am häufigsten verwendeten Software für Videokonferenzen, gearbeitet zu haben. Das bedeutet, sie sind noch sehr ungeübt und beherrschen noch nicht alle technischen Möglichkeiten, die diese Software bietet. Dadurch wird das Gespräch sicherlich beeinträchtigt, ganz zu schweigen von technischen Störungen und Unterbrechungen.

Insgesamt vertrete ich daher eine gespaltene oder besser gesagt differenzierte Meinung zu diesem Thema. Einerseits würde ich mir aus ökologischen Gründen wünschen, dass alle unnötigen Geschäftsreisen in Zukunft unterbleiben und – wo immer möglich – auf die umweltfreundliche Kontaktform Videokonferenz zurückgegriffen wird. Andererseits ist das Reisen immer noch die einzige Möglichkeit, um interkulturelle Kompetenzen zu erwerben. Es ist wünschenswert, dass so viele Menschen wie möglich die Erfahrung machen, wie bereichernd es ist, die Welt aus einer anderen kulturellen Perspektive kennenzulernen. Das darf auch im geschäftlichen Bereich nicht ganz verloren gehen. Deshalb brauchen wir nach wie vor neben der Videokonferenz die persönlichen Kontakte und Meetings.

3e Lösungsvorschlag: **Frauenquote an Hochschulen**

Frauen sind in Deutschland nach wie vor in allen Leitungsfunktionen unterrepräsentiert. Das gilt auch für die Hochschulen, wie die vorliegende Grafik von Destatis 2019 zeigt. Mehr als die Hälfte der Studienanfänger/-innen und auch der Absolventinnen und Absolventen ist weiblich. Das bedeutet, dass inzwischen etwas mehr Mädchen als Jungen ein Studium beginnen und auch abschließen. Bei den Promotionen sinkt der Anteil schon leicht unter 50 % und bei den Habilitationen liegt er nur noch bei knapp einem Drittel. Spätestens auf dieser Karrierestufe, im Alter zwischen Anfang 30 und Anfang 40, kommt also der Einbruch. Endgültig zur Minderheit werden Frauen dann unter den Professorinnen und Professoren: Nur jede vierte Professur wird mit einer Frau besetzt.

Obwohl fast jeder fordert, dass sich das endlich ändern müsse, gehen die Meinungen, wie sich das ändern soll, stark auseinander. So fordern viele inzwischen eine Frauenquote an Hochschulen. Sie argumentieren, dass das Problem in dieser Form seit Jahrzehnten bestehe und sich an den Zahlenverhältnissen trotz aller Bekenntnisse zur Frauenförderung nichts verändert habe. Ohne den Druck einer gesetzlich vorgeschriebenen Frauenquote würde sich niemals etwas ändern. Die Gremien, die über die Stellenvergaben entscheiden, würden – wie die Zahlen der Grafik zeigen – hauptsächlich aus Männern bestehen, die wiederum bei der Berufung lieber einen Professor als eine Professorin wählen würden.

Die Gegner einer Frauenquote führen als wichtigstes Argument das Leistungsprinzip an. Wenn man das Geschlecht und nicht die Leistung einer Person zum entscheidenden Kriterium mache, würde das dazu führen, dass nicht die am besten qualifizierte Person die Stelle bekomme. Darunter würde die Qualität von Forschung und Lehre leiden. Vor allem würden neue Ungerechtigkeiten entstehen, einige sprechen sogar von einer Diskriminierung qualifizierter Männer.

In dieser Diskussion unterstütze ich die Forderung nach einer Frauenquote, weil es mir einleuchtet, dass Männergremien eine starke Tendenz haben, wieder Männer als Nachfolger zu wählen und dadurch eine Veränderung, wenn überhaupt, nur sehr langsam möglich wäre. Ein zweites Argument halte ich hier für wichtig: Im Alter zwischen 30 und 40 Jahren ist für viele Frauen die Familiengründung ein starkes Hindernis, ihre akademische Karriere weiterzuverfolgen. Obwohl sich das Angebot an Kinderbetreuung sehr verbessert hat, sind die Arbeitsverhältnisse an den Universitäten immer noch nicht familienfreundlich. Es ist auch heute noch sehr schwer, die Familie und die akademische Karriere unter einen Hut zu bekommen, und das trifft nach wie vor die Mütter stärker als die Väter. Deshalb finde ich, dass eine Frauenquote hier eine größere Chancengleichheit schaffen würde. Allerdings würde ich die Frauenquote zunächst auf einen bestimmten Zeitraum, z. B. auf 10 Jahre, begrenzen und danach Bilanz ziehen. Wenn der Frauenanteil unter den Professorinnen und Professoren bis dahin deutlich gewachsen ist, brauchen wir sie nicht mehr. Denn eine Quote ist tatsächlich immer ein Eingriff, der auch Ungerechtigkeiten schaffen kann, und man sollte ihn nur nutzen, wenn es sehr dringende Gründe dafür gibt.

In meinem Heimatland …

15 Eine Stellungnahme verfassen

1a 1c, 2b, 3a

1b Häufig wird als Gegenargument angeführt, dass 16- und 17-Jährige noch keine ausreichende politische Bildung und Erfahrung hätten, um gute Wahlentscheidungen zu treffen. Das halte ich für falsch. Denn 17-Jährige … und zahlen dafür auch Steuern.

1c 1. In einer Erörterung werden die Argumente pro und contra gegeneinander abgewogen. Die Meinung des Autors / der Autorin wird erst am Ende des Textes deutlich formuliert. 2. In der Stellungnahme wird die Meinung des Autors / der Autorin schon in der Einleitung deutlich. Sie wird dann im Hauptteil mit Argumenten untermauert, manchmal werden dazu auch die Gegenargumente genannt und widerlegt.

2b 1. Erklärung des Themas / Einordnung in einen Kontext; 2. Vorstellung / Nennung des Themas mit Bezug zur eigenen Meinung; 3. Zusammenfassung und abschließende Formulierung der eigenen Meinung; 4. evtl. passende Forderungen und Vorschläge

3a Lösungsvorschlag: **Tempolimit auf deutschen Autobahnen**

Die sehr emotional geführte Diskussion um das Tempolimit auf deutschen Autobahnen gibt es schon sehr lange, aber bisher haben sich offensichtlich immer die Gegner durchgesetzt, denn es gibt immer noch keins. Das finde ich sehr bedauerlich, inzwischen ist Deutschland nämlich das einzige Industrieland ohne generelles Tempolimit auf Autobahnen. Man könnte es in diesem Punkt als einen Geisterfahrer bezeichnen, also jemand, der gegen alle Verkehrszeichen und gegen die Vernunft in die falsche Richtung fährt. Zurückzuführen ist dies auf die Gegner eines Tempolimits, die deutsche Autoindustrie, die einen starken Druck auf die politischen Entscheidungen ausüben. Sie bauen erfolgreich Autos mit starken Motoren, die sehr schnell fahren können. Wenn es ein Tempolimit gäbe, müssten sie befürchten, dass das Interesse an ihren schnellen Autos sinkt. Die negativen Folgen des schnellen Fahrens schieben sie beiseite. Sie führen an, dass Gurt- und Helmpflicht für Motorradfahrer, obligatorische Kindersitze und die Senkung der Promillegrenze effektiver seien als ein Tempolimit und wesentlich mehr zur Verkehrssicherheit beitrügen. Auch wenn all diese Regelungen zweifellos dazu geführt haben, dass die Zahl der Verkehrstoten gesunken ist, so gibt es doch immer noch mehr als 400 Tote pro Jahr auf deutschen Autobahnen. Viele davon sind zweifellos auf zu schnelles Fahren zurückzuführen.

Neben der immer noch zu hohen Zahl der Verkehrstoten halte ich den Klimaschutz für das zweite wichtige Argument für ein Tempolimit. Millionen Tonnen CO_2 pro Jahr könnten eingespart werden, weil ein geringeres Tempo auch zu einem geringeren Benzinverbrauch und damit zu einem niedrigeren Ausstoß von CO_2 führt. Nebenbei wäre das auch eine Kosteneinsparung für die Autofahrer selbst.

Umfragen zeigen, dass inzwischen mehr als die Hälfte der so autoverliebten Deutschen für ein generelles Tempolimit von 130 km/h auf Autobahnen sind. Die Zahl der Befürworter wächst also, und es bleibt zu hoffen, dass diese Diskussion irgendwann ein Ende findet und wir in Deutschland – wie in ganz Europa – endlich vor gefährlichen Rasern geschützt werden und entspannter unsere Autobahnen nutzen können.

3b Lösungsvorschlag: **Studienkredite – eine gute Lösung zur Finanzierung des Studiums?**

Auch wenn an deutschen Universitäten für die meisten Studierenden keine Studiengebühren erhoben werden, ist ein Studium in Deutschland keine billige Angelegenheit. Da die Lebenshaltungskosten hoch sind, sind viele Familien deshalb nicht in der Lage, ihre Kinder dabei finanziell zu unterstützen. Zwar gibt es mit dem „Bafög" einen günstigen staatlichen Kredit für Studierende aus finanzschwachen Familien, aber der ist an viele Bedingungen geknüpft, und manchmal reicht er auch nicht aus, um alles Notwendige zu bezahlen.
Deshalb stellt sich doch einigen Studierenden immer wieder die Frage, wie sie ihr Studium bis zum Ende finanzieren sollen und ob dazu ein Studienkredit das geeignete Mittel ist. Wäre ich in dieser Situation, so würde ich mich allerdings dagegen entscheiden. Ich bin nämlich der Meinung, dass ein Studienkredit die Geldprobleme zwar für den Moment beseitigt, sie aber in Wirklichkeit einfach zeitlich nach hinten verschiebt. Wenn man das Studium abgeschlossen hat, hat man einen eventuell ziemlich großen Schuldenberg angehäuft. Der Kredit muss inklusive Zinsen vollständig zurückgezahlt werden und man muss spätestens zwei Jahre nach Studienabschluss damit beginnen. Sollte man bis dahin keinen gut bezahlten Job haben, kann das schwierig werden. Die monatlichen Rückzahlungsraten können nämlich bis zu 350 € im Monat betragen und das 25 Jahre lang.
Auch wenn diese Zahlen nur bei der Kredithöchstsumme zutreffen, wird deutlich, dass ein Studienkredit keine billige Lösung ist und er die kreditnehmende Person über sehr lange Zeit belasten wird. Vor allem in der Zeit, in der man selber eine Familie gründen will, ist so eine Summe oft nur schwer aufzubringen. Auch setzt die Rückzahlung voraus, dass das Leben der kreditnehmenden Person über einen sehr langen Zeitraum problemlos läuft, dass sie eine gut bezahlte Arbeit hat und nicht für eine längere Zeit krank oder arbeitslos wird. Das kann niemand voraussagen. Deshalb halte ich den Studienkredit für eine sehr riskante Lösung. Bevor ich mich dafür entscheiden würde, würde ich lieber andere Möglichkeiten wie Stipendien oder Jobs neben dem Studium in Erwägung ziehen.

17 Argumentativer Text

Schriftlicher Ausdruck: telc C1 Hochschule

Lösungsvorschlag: **Reisen bildet – oder nicht?**

Überall gelten die Deutschen als Reiseweltmeister. Der jährliche Urlaub, aber auch viele Kurzreisen gehören zum Alltag und sind häufig Gesprächsgegenstand unter Freunden und Bekannten. Dabei wird nicht nur über den Erholungseffekt gesprochen, sondern viele halten Reisen auch für eine Möglichkeit, die Welt kennenzulernen. Aber ist das tatsächlich so selbstverständlich, dass Reisen bildet, wie eine Redewendung sagt, und dass jeder, der eine Reise unternommen hat, mit einem erweiterten Horizont und einem veränderten Bewusstsein zurückkehrt?

Dazu kann man sich die passenden deutschen Begriffe genauer anschauen: Eine Reise zu machen umfasst im Deutschen tatsächlich den Aspekt, dass man mit Neugier und Offenheit in fremde Gegenden fährt und bereit ist, sich auf die neue Kultur, die Menschen und den Alltag dort einzustellen. Das führt dann tatsächlich oft dazu, dass die gesammelten Erfahrungen und Eindrücke beim Reisenden Vorurteile abbauen und neue Sichtweisen eröffnen. Der Begriff „Reise" impliziert auch, dass es sich nicht um eine ganz kurze Tour handelt, sondern dass man sich ganz bewusst für eine etwas längere Zeit in der fremden Umgebung aufhält und somit auch Gelegenheit hat, mehr als oberflächliche Eindrücke zu sammeln.

Im Unterschied dazu sucht „der Tourist" beim Reisen mehr die Erholung und die Abwechslung. Er möchte sich in seiner kostbaren Urlaubszeit nicht zu stark anstrengen, sondern von den Strapazen der täglichen Arbeit ausruhen. Deshalb hat er kein so starkes Interesse daran, sich mit fremden Menschen und Sitten auseinanderzusetzen. Dass es bei dieser Art Reisen nicht unbedingt zu einer Erweiterung des Horizontes kommt, liegt auf der Hand. Aus so einem Urlaub bringen die meisten Menschen höchstens eine neues Kochrezept und einige Reiseandenken mit, nicht aber tiefgreifende Erfahrungen, die ihren Blick auf das Leben verändern.

Bei sehr vielen deutschen „Reiseweltmeistern" handelt es sich um Touristen. Sie fahren zur Erholung an Orte, die ihnen Sonne, Strand und Abwechslung bieten. So kommen sie zwar braungebrannt zurück, aber sie können wenig vom Alltag und der Kultur der Einheimischen an ihrem Urlaubsort berichten. Selten haben sie ihren Horizont nachhaltig erweitert.

Die wenigen Reisenden dagegen, die manchmal auf ungewöhnliche Weise lange Reisen unternehmen – z. B. mit dem Fahrrad oder Motorrad um die Welt fahren –, bringen oft wunderbare Erfahrungen mit nach Hause, die ihr Leben tatsächlich beeinflussen und verändern. Manchmal teilen sie das mit den Zuhausegebliebenen in Fotos und Filmen, und man kann sogar als Zuschauer daran teilhaben.

Der Tourismus hat vielen von uns die Möglichkeit eröffnet, kostengünstig und schnell an viele Orte zu gelangen. Allerdings ist dadurch die Zahl derjenigen, die eine „bewusste" Reise antreten und ihren Horizont dabei erweitern wollen, nicht so stark gestiegen. Eine solche Reise setzt voraus, dass man sich wirklich auf fremde Menschen und ihre Kultur einlässt und sich selbst ein wenig zurücknimmt. Das wollen auch heute nur wenige.

Schreiben: ÖSD C1, Aufgabe 2

Lösungsvorschlag: **Das Fach *Wirtschaft* in der Schule**

Wenn ein junger Mensch die Schule beendet, wird von ihm nicht nur ein bestimmtes theoretisches Wissen erwartet, sondern er muss auch in der Lage sein, sein Alltagsleben zu meistern, z. B. das ihm zur Verfügung stehende Geld zu verwalten. Die Frage ist, ob es Aufgabe der allgemeinbildenden Schulen ist, ihm das dazu nötige Wissen zu vermitteln.

Dass es vielen jungen Menschen daran fehlt, kritisieren deutsche Wirtschaftsverbände. Sie fordern, dass auch die allgemeinbildenden Schulen ein Schulfach Wirtschaft einführen sollten. Dieser Vorschlag trifft nicht überall auf Zustimmung. Die Gewerkschaften z. B. fürchten, dass dann die Wirtschaftsverbände wie z. B. der deutsche Bankenverband zu viel Einfluss auf die Unterrichtsinhalte und damit auch auf die jungen Menschen nehmen würden.

Zweifellos ist es sinnvoll, jungen Menschen in der Schule wirtschaftliche Zusammenhänge nahezubringen. Gerade weil heute viele wirtschaftliche Vorgänge – Geldüberweisungen, Kontoführung, Einkäufe und vieles mehr – im Internet stattfinden, ist es wichtig, die jungen Menschen auch in der Schule auf den Handelsplatz Internet vorzubereiten. Auf diese Weise kann man ihnen die notwendigen Kenntnisse vermitteln und sie dazu erziehen, kritische Fragen zu den wirtschaftlichen Strukturen und auch den rechtlichen Aspekten zu stellen. Aber es ist natürlich nicht so einfach, noch ein weiteres Schulfach in den ohnehin schon sehr vollen Stundenplan einzuführen. Das wäre wahrscheinlich nur möglich, wenn man bei anderen Fächern Stunden kürzt. Dies wäre allerdings ein hoher Preis für das Schulfach Wirtschaft, wenn die Schülerinnen und Schüler dadurch weniger Sport- oder Kunstunterricht hätten oder der Musikunterricht wegfiele.

Deshalb bin ich gegen ein neues Schulfach Wirtschaft an allgemeinbildenden Schulen. Schon jetzt gibt es Wirtschaftsgymnasien für diejenigen, die sich auf diesen Bereich konzentrieren wollen, auch die Berufsschulen unterrichten dieses Fach. Es hat also im deutschen Schulsystem schon seinen Platz. In den allgemeinbildenden Schulen sollte man die wichtigen wirtschaftlichen Themen in das Fach Gemeinschaftskunde integrieren, wo man sie auch gut in einem passenden politischen und sozialen Kontext präsentieren kann.

In meinem Heimatland …

18 Argumentativer Text in Kombination mit einer Grafik

Schreiben: Goethe-Zertifikat C1, Aufgabe 1

Lösungsvorschlag: **Wie sollte man sich vor einem Online-Einkauf informieren?**

Online-Einkäufe werden immer beliebter und es gibt immer mehr Möglichkeiten dazu. Allerdings fällt bei einem Online-Kauf die Beratung im Geschäft weg, und es stellt sich die Frage, wie sich Kundinnen und Kunden vor ihrem Kauf dann informieren können.
Eine Umfrage aus dem Bitkom Studienbericht 2020 liefert uns Anworten darauf. Über die Hälfte der Befragten gab an, vorher die Kundenbewertungen im Netz zu lesen. Das finde ich erstaunlich, denn nicht immer ist klar, ob es sich hier um echte oder um „gekaufte" Meinungsäußerungen handelt. Nur gut ein Drittel gab dagegen an, Testberichte in Medien zu lesen, und noch sehr viel weniger, nämlich 15 % der Befragten, ließen sich in einem Geschäft von Fachleuten beraten. Diese Informationsquellen halte ich für sehr viel zuverlässiger.
Bei Online-Einkäufen handelt es sich häufig um relativ große Anschaffungen. Deshalb ist es umso wichtiger, sich vorher gut zu informieren, und zwar nicht nur im Internet, sondern auch bei Fachleuten und unter Freunden und Verwandten, denen man vertraut und die eventuell Erfahrungen mit dem Produkt haben.
Ich selbst habe bisher noch keine schlechten Erfahrungen bei Online-Einkäufen gemacht. Das liegt vielleicht auch daran, dass ich sehr vorsichtig bin und mich zum einen tatsächlich vor größeren Käufen immer sehr gründlich informiere. Zum anderen bestelle ich grundsätzlich nur bei Firmen, die ich für vertrauenswürdig halte und die mir nicht völlig unbekannt sind. Sehr große Anschaffungen würde ich auch nicht über das Internet tätigen, sondern ein Fachgeschäft aufsuchen.
Um Online-Kunden vor Betrug zu schützen, sollte es eine Art staatlich kontrolliertes Qualitätssiegel geben, so wie z. B. bei Lebensmitteln. Dann wüsste jeder Käufer auf den ersten Blick, ob es sich um ein seriöses Angebot handelt.
In meinem Heimatland …

Schriftlicher Ausdruck: TestDaF (papierbasiert)

Lösungsvorschlag: **Erasmusaufenthalte – Erwerb interkultureller Kompetenzen oder Zeitverlust im Studium?**

Die Freizügigkeit für Menschen und Waren innerhalb der EU ist eine Errungenschaft, die von vielen Europäern als ein großer Vorteil wahrgenommen wird. Das trifft auch auf die jungen Menschen zu, vor allem die Studierenden, die seit vielen Jahren – beispielsweise gefördert durch das Erasmusprogramm – die Möglichkeit haben, ein oder zwei Semester an einer anderen europäischen Universität zu verbringen. Wie stark dieses Angebot in Deutschland genutzt wurde, zeigen zwei Grafiken vom DAAD 2020 zur Anzahl der deutschen Erasmusstudierenden und zur Dauer ihres Aufenthalts. Von 2005 bis 2018 hat sich die Zahl der deutschen Erasmusstudierenden von ca. 22 500 auf knapp 42 000 fast verdoppelt. Die durchschnittliche Dauer des Aufenthalts allerdings ist im gleichen Zeitraum zurückgegangen, und zwar von knapp 7 Monaten auf gut 5 Monate. Man kann also zusammenfassen: Es gibt mehr Erasmusstudierende, aber sie bleiben meist nur noch ein Semester.
Um den Nutzen solcher Aufenthalte gab es von Anfang an Diskussionen. Die Befürworter des Programms heben immer wieder hervor, wie wichtig es sei, in jungen Jahren Erfahrungen in einem fremden Land zu machen. Das erweitere den Horizont und baue Vorurteile ab, noch bevor sie sich verfestigt haben. Auch die dadurch zu erwerbenden Sprachkenntnisse würden zu den positiven Effekten eines Auslandssemesters gehören. Und zweifellos sei es für das Zusammenwachsen der Europäischen Union von Vorteil, wenn die jungen Menschen der Mitgliedsländer sich kennenlernen würden.
Dies ist allerdings bei Erasmusaufenthalten nicht immer der Fall. Kritiker bemängeln, dass viele Erasmusstudierende ein ganzes Semester lang nur unter sich bleiben und kaum Kontakt zu Einheimischen aufbauen würden. So würden sich zur Semestereinführung zwar Studierende aus verschiedenen Ländern kennenlernen, aber sie würden dann auch das ganze Semester über zusammenbleiben, gemeinsam Partys feiern und oft auch die gleichen Veranstaltungen speziell für Erasmusstudierende besuchen.
Trotz dieser teilweise berechtigten Kritik halte ich das Erasmusprogramm für nützlich und auch effektiv. Auch durch den Kontakt zu Studierenden aus verschiedenen europäischen Ländern entwickelt man interkulturelle Kompetenzen und in jedem Fall lernen alle sehr gut Englisch, denn das wird meistens gesprochen. Auch Partys tragen zur Verständigung und zum Abbau von Vorurteilen bei und damit zur innereuropäischen Verständigung.
In meinem Heimatland sind Erasmusaufenthalte …

19 Zusammenfassung

Schreiben: TestDaF (digital), Aufgabe 2

Lösungsvorschlag: **Homeoffice – ein Modell der modernen Arbeitswelt**

Über die Hälfte der Arbeitnehmerinnen und Arbeitnehmer sowie der Arbeitgeber sehen große Vorteile in der Arbeitsform „Homeoffice".
Den Angestellten gefällt vor allem die flexible Arbeitseinteilung, die ihnen ermöglicht, Kinderbetreuung und berufliche Arbeit besser miteinander zu vereinbaren. Ebenfalls attraktiv ist, dass die manchmal sehr zeitaufwändige Fahrt zum Arbeitsplatz wegfällt.
Auch für die Arbeitgeber hat die Flexibilität Vorteile, denn sie erspart ihnen Umplanungen, z. B. wenn die Kinder der Mitarbeiterinnen und Mitarbeiter krank werden und betreut werden müssen. Diese Situation ist im Homeoffice stressfreier zu lösen. Ein weiterer Vorteil für sie ist, dass sie weniger Arbeitsplätze, also z. B. Schreibtische und Rechner, zur Verfügung stellen müssen und so eine Menge Kosten einsparen.
Als Nachteil für Arbeitnehmerinnen und Arbeitnehmer gilt vor allem der fehlende Kontakt zu Kolleginnen und Kollegen, der leicht dazu führt, dass sie vereinsamen. Nachteilig ist auch, dass sich im Homeoffice Freizeit und Arbeitszeit nicht mehr so einfach trennen lassen. Folglich machen viele, und zwar die Väter mehr als die Mütter, mehr Überstunden und haben weniger Zeit für Freizeitaktivitäten.

Bildquellennachweis:

6,9 © dpa-infografik; **6.1** Getty Images (fizkes), München; **6.2** Getty Images (671652586), München; **6.3** Getty Images (Victor Metelskiy), München; **6.4** Getty Images (alexsl), München; **6.7** Quelle: Badische Neueste Nachrichten/bnn.de; **7** © Bundesministerium für Ernährung und Landwirtschaft/Ernährungsreport 2019; **8** Quelle: CHE Hochschulranking „Im Blickpunkt: Studentisches Wohnen 2003 und 2018"; **10.1** Quelle: Fahrrad-Monitor Deutschland 2019, Bundesministerium für Verkehr und digitale Infrastruktur; **10.2** Quelle: Shell Jugendstudie 2019; **10.3** Quelle: IAB 2019, Hans Böckler Stiftung; **11.1** Klett-Archiv, Stuttgart; **11.2** Klett-Archiv, Stuttgart; **12.1** Quelle: Freizeit-Monitor 2019, Stiftung für Zukunftsfragen; **12.2** Quelle: Freizeit-Monitor 2019, Stiftung für Zukunftsfragen; **13** Quelle: Freizeit-Monitor 2019, Stiftung für Zukunftsfragen; **14.1** Quelle: Privathaushalte nach Haushaltsgröße, Statistisches Bundesamt (Destatis), 2020. In https://www.destatis.de/DE/Themen/Gesellschaft-Umwelt/Bevoelkerung/_Grafik/_Interaktiv/haushalte-familien-haushaltsgroesse.html; eigene Darstellung; **14.2** Quelle: Privathaushalte nach Haushaltsgröße, Statistisches Bundesamt (Destatis), 2020. In https://www.destatis.de/DE/Themen/Gesellschaft-Umwelt/Bevoelkerung/_Grafik/_Interaktiv/haushalte-familien-haushaltsgroesse.html; eigene Darstellung; **16** Quelle: Bundesinformationszentrum Landwirtschaft (BZL); **17.1** Quelle: Umweltbundesamt 2019; **17.2** Quelle: Umweltbundesamt 2019; **18** @Statista; Bearbeitet durch EKS; **19.1** Quelle: Stromerzeugung im 1. Halbjahr 2020: Windkraft wichtigster Energieträger, Statistisches Bundesamt (Destatis), 2020. In https://www.destatis.de/DE/Presse/Pressemitteilungen/2020/09/PD20_352_43312.html; eigene Darstellung; **19.2** Getty Images (acilo), München; **20.1** Quelle: Stromerzeugung im 1. Halbjahr 2020: Windkraft wichtigster Energieträger, Statistisches Bundesamt (Destatis), 2020. In https://www.destatis.de/DE/Presse/Pressemitteilungen/2020/09/PD20_352_43312.html; eigene Darstellung; **20.2** Quelle: Stromerzeugung im 1. Halbjahr 2020: Windkraft wichtigster Energieträger, Statistisches Bundesamt (Destatis), 2020. In https://www.destatis.de/DE/Presse/Pressemitteilungen/2020/09/PD20_352_43312.html; eigene Darstellung; **21.1** © IFT Institut für Therapieforschung, München. Der Epidemiologische Suchtsurvey 2018 wurde aus Mitteln des Bundesministeriums für Gesundheit (BMG) gefördert (AZ: ZMVI1–2517DSM200). Mit der Finanzierung sind keine Auflagen verbunden; **21.2** © IFT Institut für Therapieforschung, München. Der Epidemiologische Suchtsurvey 2018 wurde aus Mitteln des Bundesministeriums für Gesundheit (BMG) gefördert (AZ: ZMVI1–2517DSM200). Mit der Finanzierung sind keine Auflagen verbunden; **22.1** Quelle: Eurostat (CC BY 4.0); eigene Darstellung; **22.2** Quelle: Eurostat (CC BY 4.0); eigene Darstellung; **23** Quelle: Statistisches Bundesamt; DZHW¬-Berechnungen; **24** Quelle: Bundesnetzagentur, Jahresbericht 2019, Seite 59 u. Bundesnetzagentur, Jahresbericht 2017, Seite 60; **25.1** Quelle: Horstkötter N, Müller U, Ommen O, Reckendrees B, Stander V, Lang P, Thaiss H (2019): Einstellungen, Wissen und Verhalten von Erwachsenen und Eltern gegenüber Impfungen – Ergebnisse der Repräsentativbefragung 2018 zum Infektionsschutz. BZgA-Forschungsbericht. Köln: Bundeszentrale für gesundheitliche Aufklärung; **25.2** Quelle: GfK SE/ Deutscher Spendenrat e.V.; **26.1** Quelle: ADAC SE; **26.2** Quelle: Binnenhandel, Gastgewerbe, Tourismus - Ergebnisse der Monatserhebung im Tourismus März 2020, Tabelle 1.1 Entwicklung der Ankünfte und Übernachtungen von Gästen in Beherbergungsbetrieben, Statistisches Bundesamt (Destatis), 2020; eigene Darstellung; **27.1** @Statista; Bearbeitet durch EKS; **27.2** Quelle: Pressemitteilung der BAG Wohnungslosenhilfe (2017): BAG Wohnungslosenhilfe: 860.000 Menschen in 2016 ohne Wohnung, https://www.bagw.de/de/presse/Pressearchiv~147.html; **28.1** Quelle: Zusammengefasste Geburtenziffer nach Kalenderjahren, Statistisches Bundesamt (Destatis), 2020. In https://www.destatis.de/DE/Themen/Gesellschaft-Umwelt/Bevoelkerung/Geburten/Tabellen/geburtenziffer.html; eigene Darstellung; **28.2** Quelle: Statistisches Bundesamt; DZHW¬-Berechnungen; **28.3** Quelle: Statistisches Bundesamt; DZHW¬-Berechnungen; **29.1** Quelle: Absatz von Tabakwaren 2019: 0,3 % mehr Zigaretten versteuert als im Vorjahr, Statistisches Bundesamt (Destatis), 2020. In https://www.destatis.de/DE/Presse/Pressemitteilungen/2020/01/PD20_016_799.html; eigene Darstellung; **29.2** Quelle: Absatz von Tabakwaren 2019: 0,3 % mehr Zigaretten versteuert als im Vorjahr, Statistisches Bundesamt (Destatis), 2020. In https://www.destatis.de/DE/Presse/Pressemitteilungen/2020/01/PD20_016_799.html; eigene Darstellung; **30** Quelle: Stiftung Lesen / Vorlesestudie 2019; **31.1** Quele: Klemm, Klaus und Zorn, Dirk (2019): Steigende Schülerzahlen im Primarbereich: Lehrkräftemangel deutlich stärker als von der KMK erwartet. Impulse, die Schule machen. Bertelsmann Stiftung Gütersloh; **31.2** Quelle: Klemm, Klaus und Zorn, Dirk (2019): Steigende Schülerzahlen im Primarbereich: Lehrkräftemangel deutlich stärker als von der KMK erwartet. Impulse, die Schule machen. Bertelsmann Stiftung Gütersloh; **33** @Statista; **34** Quelle: GfK Consumer Panel Media*Scope Buch, aus: Buch und Buchhandel in Zahlen 2020; **35.1** © BMEL/© Bundesministerium für Ernährung und Landwirtschaft/Ernährungsreport 2019; **35.2** © Bundesministerium für Ernährung und Landwirtschaft/Ernährungsreport 2019; **36.1** © Bundesministerium für Ernährung und Landwirtschaft/Ernährungsreport 2019; **36.2** IAB-Arbeitszeitrechnung, Stand September 2020; **37.1** Quelle: GfK Consumer Panel Media*Scope Buch, aus: Buch und Buchhandel in Zahlen 2020; **37.2** Quelle: Deutsche Nationalbibliografie, VLB, Berechnungen: Börsenverein des Deutschen Buchhandels, aus: Buch und Buchhandel in Zahlen 2020; **37.3** Quelle: Deutsche Nationalbibliografie, VLB, Berechnungen: Börsenverein des Deutschen Buchhandels, aus: Buch und Buchhandel in Zahlen 2020; **38.1** Quelle: ABDA – Bundesvereinigung Deutscher Apothekerverbände e.V.; **38.2** @Statista; **44** Getty Images (Corey Ford/Stocktrek Images), München; **47** Getty Images (Klaus Vedfelt), München; **50** Klett-Archiv, Stuttgart; **51.1** Getty Images (Oliver Rossi), München; **51.2** Getty Images (Hinterhaus Productions), München; **53** Shutterstock (Scott Maxwell LuMaxArt), New York; **54.1** Getty Images (4X-image), München; **54.2** Getty Images (Justin Paget), München; **61** Getty Images (karen crewe), München; **62** Getty Images (creacart), München; **63.1** Getty Images (Tom Werner), München; **63.2** Getty Images (alvarez), München; **66.1** 123RF.com (Veerathada Khaipet), Nidderau; **66.2** 123RF.com (mariok), Nidderau; **67.1** Shutterstock (Scott Maxwell LuMaxArt), New York; **67.2** Getty Images (4X-image), München; **67.3** Getty Images (Justin Paget), München; **70.1** Getty Images (Luis Alvarez), München; **70.2** Getty Images (Chris Tobin), München; **71** Quelle: Wahl zum 19. Deutschen Bundestag am 24. September 2017 – Wahlbeteiligung und Stimmabgabe nach Altersgruppen, Tabelle 5 Wahlbeteiligung nach Geschlecht und Altersgruppen seit 2002, Statistisches Bundesamt (Destatis), 2020, eigene Darstellung; **75.1** Getty Images (Grant Faint), München; **75.2** Getty Images (ZU_09), München; **76.1** YouGov Deutschland GmbH, Köln; **76.1** Quelle: YouGov Deutschland GmbH, Mai 2020; **76.2** Quelle: Frauenanteile nach akademischer Laufbahn, Statistisches Bundesamt (Destatis), 2020. In https://www.destatis.de/DE/Themen/Gesellschaft-Umwelt/Bildung-Forschung-Kultur/Hochschulen/Tabellen/frauenanteile-akademischelaufbahn.html; eigene Darstellung; **79** Getty Images (Bertlmann), München; **84** Bitkom-Studienbericht: E-Commerce und stationärer Handel - So digital shoppen die Deutschen; **85.1** Quelle: DAAD, Erasmus-Statistik; **85.2** Quelle: DAAD, Erasmus-Statistik; **86.1** Hans-Böckler-Stiftung 2019; **86.2** Hans-Böckler-Stiftung 2019